新装版

「育てにくい子」と感じたときに読む本

児童精神科医
佐々木正美

主婦の友社

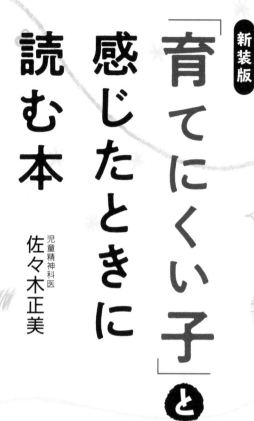

目次

第3章 集団生活の入り口で 79

子育ては育ちあいQ&A

手のかからない子がいい子だなんて
そんなのは大きなまちがいですよ。
人生のどこかで、
親は子どもにたっぷり手をかける必要があるんです。
小さいころに手をかけさせてくれる子が
本当はとてもいい子なんです。

佐々木正美

第1章

悩み多き時代の子育てだからこそ

本当の自立とは、誰にも迷惑を
かけないことではありません。
頼り頼られお互いさま、そんな
関係を数多くつくれることです。

「そのままのわが子」に不安を感じてしまう

『Ｃｏｍｏ』（２０１７年休刊）という雑誌で、長らく読者の悩み相談に答える機会をいただきました。

悩み相談ですから、わが子に何か気になる部分があって、それについて相談のお手紙を書いて送ってくださるわけです。育てにくいとか、がまんできる子にしたいとか、集団になじめる子にしたいとか、さまざまな悩みがせつせつと書かれています。

お母さん方の多くは、「育児は楽しい、子どもはかわいい」と感じながらも、「子育ては本当に難しい」と書いていらっしゃるのです。どの方も自分の子どもを心からたいせつに思い、幸福を願っていらっしゃる。だからこそ、うちの子とよその子を見比べて、「どうしてうちの子だけ、このような行動をとるのか」「どうしてこんなことができないのか」「どうすれば解決するのか」「教えてください」と言うのです。みなさんとてもまじめで、一生懸命です。

そのようなお手紙を読むたびに、お子さんには何も心配はいらないのになぁと思います。心配なのは、お母さんたちです。わが子を愛しているぶん、不安が強いのですね。不安が強いから、いまのわが子のそのままの姿に安心できないのです。子どもに「望むような姿」に変わってもらうことで、安心させてもらおうと思ってしまうのですね。

けれど、お母さんの不安はそのまま子どもに移ってしまい、子どもまで不安定になります。お母さんの望むような子どもにしようとすればするほど、「なってほしくない」方向に向かうのです。これは、どの相談でも感じたことです。子どもを親が変えようと思えば思うほど、うまくいかなくなります。急いでやろうとすればするほど、時間がかかってしまいます。

いちばんいい方法は、子どもを変えようとしないことです。

「親が望むような子にしよう」と思うのではなく、「子どもが望むような親」に自分自身がなるといいのです。子どもがしてほしいことをしてあげて、子どもが望まないことはなるべくしないようにする。たったそれだけのことでいいのです。そうすることで、子どもはいきいきした笑顔になることができます。成長や発達の早い子も遅い子もいるでしょう。器用な子も不器用な子もいるでしょう。けれど、その子なりのペースで、自信をもって育っていけるようになります。そして、そのような子育てはお母さんにとっても楽なのです。楽な子育てが、上手な子育てなのです。

子どもが子どもらしく笑えなくなった社会にあるもの

現代の社会は全体に、「子育て力」をなくしていると感じます。母親だけではありません。父親も、地域社会も、すべての人たちがそうなのです。

戦後、日本はとても豊かな社会になりました。確かに幸福な時代です。わたしは昭和10年生まれですから、この豊かさのもつ価値は十分にわかるつもりです。

終戦のとき、わたしは10才の育ち盛りでした。なのに、食べるものは何もなく、いつもひもじい思いをしていました。家は貧しく、母はいつも働きづめで、のんびりしている姿を見た記憶などありません。親は、子どもたちを飢えさせていたことで、どれだけ苦しんだことでしょう。

それを思うと、いまの時代はとても幸福です。しかし、この時代に生を受けた子どもたちは、果たしてあの時代の子どもたちよりも幸福なのでしょうか。

ある著名な写真家の方がこうおっしゃっていました。「いまの日本では、子どもたちのいい顔が撮れない」と。どんな戦渦の中にある国でも、どんな貧しい国でも、子どもらしい、いきいきした表情を撮影することはできるのだそうです。でも、いまの日本の子どもたちにカメラを向けても、子どもらしい楽しそうな表情を撮影することはほとんど不可能だというのですね。わたしも同じように感じています。

子どもというのは、おなかがふくれて、ゆっくり眠れれば、それだけで満たされるものです。そんな幸福を労せずして与えられるわたしたちが、なぜ戦時下の国の子どもたちよりも、暗い表情をわが子にさせてしまっているのでしょうか。

40年近くにわたって、子どもを臨床の立場から見つめてきて、実感します。わたしたちの社会はいま、子どもを育てる力を失い始めているのです。それは、人間関係をつくる力を失っているということだと思います。

文明社会では人間関係がどんどん希薄になる

生活が豊かになり、便利になり、平等の社会が実現しても、人はそれだけでは幸せになれません。何が必要なのかというと、人間関係なんです。助け助けられる関係、支え合う関係がなければ、人間は幸せには生きられないのです。

しかし、文明社会が発展して物質が豊かになると、そのような関係はどんどん必要なくなってきます。昔なら、調味料が切れたりすると「お味噌を少し分けていただけますか？」とお隣に借りに行ったものですが、いまならコンビニに行けば買えてしまいます。「少し分けてください」なんて、ずうずうしいと思う人もいるかもしれませんね。「自分は迷惑をかけないから、あなたも迷惑をかけないでくださいね」と、そういう社会になってしまったんです。

同じことが、子育てにも言えると思います。お隣さんと親しくして、何の遠慮もなく家に上がり込めるような社会なら、「ちょっとこの子を預かってくれませんか？」なんて、気軽に頼めるかもしれませんね。育児に不安があっても、ちょっと年上の子どもをもつお母さんに、気軽に相談できるかもしれない。おねしょが直らないことで悩んでいても、「うちの子も小3までしていたわよ」と、かっこいい青年に成長したその子を見せてもらえるかもしれない。そんなかかわりが、初めての育児をするお母さんたちを、どれだけ勇気づけてくれることでしょう。

わたしの家内も昔は、子どもをおんぶして、いろいろな家を行き来していましたよ。子どもたちもいろいろな家に上がって遊ばせてもらいました。わが家に来た子もたくさんいて、夕ごはんをわが家で食べたり、おふろに入っていったこともありました。「どうぞ置いていってください」と、そういう関係が日常的につくられていました。

このようなご近所関係があると、不思議なもので、子どもは伸び伸び育つのです。

戦時下の国の子や貧しい国の子たちがいきいきした顔をしているのは、助け合う心が社会の中にあるからでしょう。助け合わなくては生きられない不幸な現実もあるのですが、そのような社会のほうが子どもはいきいきできるのだと思います。

「ありのままのわが子」を受け止められなくなるのはなぜ？

子育てとは、人間関係をつくっていくことにほかなりません。

「子育てが難しい」と言う場合、子どもを育てるテクニックが下手というわけではなく、子どもとの人間関係をつくることがうまくないということなんです。それは、他者との関係全般にも言えることです。

親子にしろ、夫婦にしろ、「家庭の中の人間関係だけが成熟していく」ということはありません。赤ちゃんが生まれ、お母さんと子どもだけが家の中で向き合って暮らしていると、その関係は成熟していかないものです。親子のかかわりだけを見直しても、けっしてうまくはいきません。

子育てが難しいと思っている人は、家庭の中だけでなく、地域社会の人、学校や幼稚園のお母さん同士の関係、実家の親きょうだい、親戚関係、そういった人間関係が、うまくいっていないことが少なくないのです。うまくいっていないわけではなくても、他者との関係の中でリラックスできていない人が多いのです。

「ほかの親子とかかわりをもつと、うちの子の欠点が気になってしまう」と言う人も少なくありません。それは、そのお母さんがとても孤独だからだと感じます。

精神的に孤立した人、孤独な人は、自分の幸福とよその人の幸福を比較したくなるものです。そして、自分の子どもと人の子どもを比較したくなります。

逆に、人と積極的にかかわろうとする人は、わが子とよその子を比べて悩んだり、落ち込んだりすることが少ないものです。たくさんの人、たくさんの子どもを知っていればいるほど、「個性はいろいろあって、いいも悪いもない」ということがよくわかるからです。価値観も多様になりますから、「うちの子はこういうところが遅いけれど、こういういいところがある」と思えるのでしょう。

「比較される」なんて、子どもにとって、これ以上の不幸はありませんよ。「○○ちゃんはちゃんとできるのに、あなたはどうしてできないの?」と言うのは、本当にいけません。子どもの自尊心を傷つけてしまいます。もしもあなたがご主人に「よその奥さんはできているのに、おまえはどうしてダメなんだ」と言われることを想像してみてください。たまらない気持ちになることでしょう。

もしも比較したいなら、「お母さんが小さいときには、あなたのようにはできなかった」と、自分よりも優れているところを見つけて言ってあげてください。余談ですが、わたし自身がちょうど育児の真っ最中だったころ、両親と同居していたのですが、息子たちは親にしかられると、祖父母のところに泣きつきに行っていました。そんなとき、両親はよくこんなことを言いましたね。「おまえのお父さんは小さいころ、もっとおばかさんでしたよ」と。そう言われたからといって、子どもたちが図に乗るなんてことはありませんでしたし、実際に「自分より父親のほうがばかだった」と思うこともありませんでした。優越感を感じるのではなく、安心するんですね。自分はダメな子じゃないんだと認められて、うれしくなる。それだけなのです。

親に否定されて育った子は、人を否定するように育ちます。それはとても悲しいことだと思います。

自分の子どもに自信がもてなくなったとき、ありのままのわが子を認めてあげられなくなったときほど、外に出ていくことをおすすめします。親子関係の「質」を高めようと思ったら、まずは人間関係の「量」を増やすことです。たくさんの人とかかわることです。まずは親戚やごきょうだいでもいい。実の親とでもいい。幼稚園や保育園のお友だちのお母さんでもいいですね。習い事を始めるのもいいでしょう。いい人間関係をどうぞつくってください。

子どもの個性はいろいろです。育てにくいのも、いっときのこと

わが子の育ちについて悩んでいらっしゃるお母さんの声を聞くと、多くの場合「育てにくい」という意識が非常に強いと感じます。ほかの子が「はい」と言うところで言わないとか、お母さんのそばから離れようとしないとか、ささいなことで泣き始めて止まらないとか、それがなかなかおさまらないときに、「育てにくさ」を感じてしまうようです。

しかし、子どもはみんな、いろいろです。

よく泣く子もいます。こだわりの強い子もいます。おむつのはずれない子もいます。でもそれは、その時期だけ大変だ、ということです。そういう子なんだと、それ以上の意味をそこに見いだす必要などありません。

わたしにも3人の子がいますが、個性はいろいろでした。よく泣く子もいましたが、「この子は寒い季節に生まれた子だから、夏になると夜泣きするんですね。夏が苦手なのかもしれませんね」と、そんなことを話した覚えがあります。その程度のことで納得しておくのがいいんです。

夜泣きがひどい子でも、抱っこしていると泣きませんでしたから、ひざの間に入れて抱っこして、そのまま親子で寝てしまうことがよくありました。それでいいと思っていましたし、大変だとも思いませんでした。ひざの間に入っていると寝てしまうのですから、こちらもそのかっこうのままで寝てしまえば、それで何も問題はないのです。

子どもはみんな、ちがった個性を持っています。体質も、気質も、表現する方法もちがいます。育てやすい子、育てにくい子に関係なく、みんなちがった個性があるから将来が楽しみなのだと、そう思うといいですね。

育てやすいからといって、それがいいということもない

逆に、「いい子」であるということも、さほど重要なことではないと思います。乳幼児期は、親にとって「手がかかってしょうがない」というくらいが普通なのです。だからこそ、「手がかからない」「何でも早くできる」ことがすごい、と思うのかもしれませんね。でもそれは、単に「そのときに手がかからなかった」というだけのことにすぎません。親が喜びすぎたり、ほめすぎたりする必要もないのです。

いまの社会全般がそうなのですが、できるだけ手間をはぶいて、できるだけ早くやることがいいことだと、そう思いすぎているような気がします。けれど、こと育児の面で言えば、「手間なく」「早く」はいちばんよくないのです。手をかけ、時間をかけ、子どもが成長するのを待てることがいい育児なのです。親が楽できる育児に、いいことなんてめったにないんだと、そんなふうに思ったほうがいいですね。

子どもは、親が自分に喜んで手をかけてくれることで、「信頼」や「思いやり」を学びます。手がかからない子は楽なので、親は手をかけてくれないこともあります。信頼も思いやりも学べないということもあるかもしれません。

手がかからない子をもった方は、そこで得られた時間と心の余裕を使って、どうやってもっと手をかけてあげられるかを考えてあげてほしいと思います。「育てやすい子」は親への注文が少ないですから、「あなたはどんなママを求めているの？」と、聞いてみるといいですね。そして、できる限り願いをかなえてあげるのです。

親の前で「いい子」であることは、怖いことでもある

わたしが気になるのは、親に手をかけさせる子ではありません。親の前で、手のかからないふりをしてしまう子です。

親の前ではいい子なのに、保育園や幼稚園など家庭以外の場面で問題がある、という子がいるのです。わたしは東京のある地域の保育士さんたちと、30年以上も勉強会をしているのですが、「親の前でいい子・外では問題の子」を追いかけていくと、その多くが成長して反社会的・非社会的になることがわかります。社会に適応できない子になってしまう傾向があるのです。犯罪に走ったり、不登校になったり、社会に出られず家に引きこもったりする子もいます。彼らはみんな、家庭で安心して自分の欠点をさらけだせない子たち

です。いちばん安心できるはずの家庭で安心できないために、家の外で荒れたり、問題を起こしたりしてしまうのでしょう。

それなのに、親はわが子の「いい子」の部分しか見ていないので、園や学校から何を言われても信じることができません。

こういう子たちは、かなり早いうちに「親は自分の行動に対して、喜んだり悲しんだりするのだ」と気づいてしまった子たちです。早い子であれば、1才ごろから気づき始めます。彼らは「親が喜ぶことがしたい」と思い、実際にそうするのです。賢い子たちです。だから、しばしば偏差値の高い学校にとんとん拍子に進んだり、習い事で優秀な成績を残したりします。

しかし、思春期・青年期になって突然キレてしまうのです。社会に適応できなくなるのです。または何の問題もないように見えて、自分が親になったとき、わが子に暴力をふるってしまうこともあります。非常に不幸なことです。

子どもというのは、親に手をかけさせるのが当たり前なのです。早いうちに手をかけさせてくれる子がいい子なのですよ。暴れても、家を壊したりしませんからね。幼いうちに手がかかったほうが、親は楽なのです。手がかからない子をもった場合、そのことを過剰に喜んだりしないことです。くれぐれもお願いいたします。

佐々木流の「過保護」の考え方

子どもを育てるときは、その子がしてほしいと願うことなら、何をどのくらいやってあげてもいいと、わたしは思っています。十分に手と心をかけてあげていいのです。「過保護になってしまうんじゃないか」と心配される方が多いですが、実際に「過保護な親」はものすごく少ないと、わたしは思います。

現在の親のほとんどは「過干渉」です。過保護と過干渉を似たようなものととらえている人が多いようですが、全然ちがうのです。過保護は自主的でいきいきした子を育てますが、過干渉は自立の芽を摘みます。この本を読む方々には、ぜひともお子さんを過保護に育てていただきたいと思っています。

過保護とは「子どもの望んでいることをやってあげすぎてしまう」ということです。子どもにはいろいろな欲求がありますよね。「抱っこしてほしい」「遊んでほしい」「今日はハンバーグが食べたい」……、そのすべてを満足させ、それ以上のことをしてあげることです。でも、実際には不可能ですよね。「明日ね」「いまはムリ」ということは必ずあります。だから、本来は過保護になることはできませんし、なったとしても悪いことではありません。「過保護はよくない」なんて、自分が楽したい人が考えたんだと思います。

人間は「絶対に保護してもらえる」と思うと、伸び伸び行動ができるものです。もしもあなたが海外を旅行したとき、日本の大使館があなたをしっかり守ってくれると思えば、楽しく伸び伸び観光できることと思います。でも、大使館の力のない国に行ったら、怖くて外出もできません。

親子関係だって同じです。いつでも守ってもらえると思うと、子どもは伸び伸び成長して、自分らしさをあますことなく発揮できます。

少し極端な例かもしれませんが、児童養護施設の子どもたちは、幼いころからすべて一人でできるよう教えられます。けれど、どんなに身の回りのことができるよう訓練されても、施設の子は一般家庭の子よりも生活自立が遅いのです。それで、ある施設の先生たちが「一人一人をえこひいきしよう」「甘やかそう」とやり方を変えたのです。そうしたら、それまでは一人でできなかった子たちが、どんどんできるようになったといいます。

つまり、甘やかされ、ひいきされることで、子どもたちは「自分は大事にされているんだ」と思えたのでしょう。その自信が「一人でやってみよう」という自立の原動力になったのだと、わたしは思います。自分自身の価値は、他者に評価されることでしか実感できません。幼児期だったら親や先生といった人に愛され、たいせつにされて初めて「自分は価値ある存在だ」と自覚できるのです。

「過保護に育てられた子は自分ばかりを大事にして、他人をないがしろにする子になる」と考える人も少なくありませんが、それはまちがいです。

誰かにたいせつにされた経験のない子が、どうして他者を愛したり、たいせつにしたりできるでしょうか。自分をたいせつに思えて初めて、人は人をたいせつにできるのです。

だから、「子どもの言いなりになると、親を召し使いのように扱う子になるんじゃないか」という心配も無用です。親に願いをかなえてもらえる子は、今度は親の願いもかなえたいと思うものです。言うことを聞いてほしいなら、先に親が言うことを聞けばいいのです。

わたしは3人の息子を過保護で育ててきました。できるだけ彼らの願いをかなえてきたつもりですが、あるとき、息子たちが家内にこう言ったそうです。「お父さんはぼくたちの言うことを必ず聞いてくれたよね。でも、結局はお父さんの望むように動いちゃうんだよね」と。子どもとは、きっとこのようなものなのです。

「過干渉」は子どもの自立の芽を摘む

一方で過干渉は、過保護とはちがい、子どもがやりたいと望まないことをやらせすぎてしまうことです。親には子どもに「こうなってほしい」という気持ちがありますから、その部分が強く出すぎると過干渉になってしまうのです。

長いこと精神科医として子どもを診てきましたが、診察室に来る子に「過保護」で育てられた子は一人もいませんでした。児童精神科に来る子の多くは、「過干渉」で育てられている子です。子どもをダメにするのは過保護ではなく、過干渉なのです。自立心が育たなくなるのは、過干渉で育てるからです。

自主性や主体性というものは、やりたいことを伸び伸びやっていくことで育つものです。けれど、「やらなくてはならない」ことばかりやらせすぎると、子どもは自分が本当は何がしたいのか、そちらに気が回らなくなってしまうのです。

そして過干渉の親は、うまくいった場合に過剰なほめ言葉やごほうびを与える傾向があります。そのため、子どもは親の評価ばかり気にして、自分のやりたいこととは別の「偽りの行動」をするようになります。

幼児期はそれでもなんとか乗り越えられてしまいますが、そのまま思春期になると、自分のアイデンティティーを見失ってしまい、「自分がない」という状態に苦しむことがあります。不登校や拒食症などになる子が、しばしば「小さいときは素直で反抗期もなかった」と言われる子なのは、そのせいです。過干渉が自主性の芽を摘んでしまったのです。

育児には、やらなくてはならないことをさせること（干渉）も必要かもしれません。けれど、しつけのためとは言いながら、親の都合で干渉してしまうことも多いと感じます。「時間がない」「将来のために」と大人の理屈で考え、その子のペース以上に「早く早く」と急がせてしまう、それが多すぎるから過干渉になるのです。

育児が楽しくなるコツは、「できるようになる時期は、自分で決めていいよ。それまで待ってあげるからね」と思うことです。子どもの願いをできる限りかなえてあげ、つぼみがふくらみ、花開くのをゆっくり待ってあげられるといいですね。花が開かないこともあるでしょう。親の望むような花でないこともあるでしょう。

でも、そのすべてが育児の楽しさです。わたしの言う「過保護」は、「待っててあげるよ」というメッセージを子どもに伝えることなのです。

コラム1 お母さん、誇りをもって

〝母性〟〝父性〟と言われてもピンときません。そもそも、母性って何ですか？

幼児期までは絶対的に母性的なかかわりが重要です

子どもが人間らしい健全な心を育てるためには、豊かな「母性」と「父性」が両方必要だと、わたしは考えています。性別役割を強調しすぎることは控えたいと思っていますが、以下は長い臨床生活の中でわたしが実感してきたことですので、佐々木個人の考えとしてお読みいただければと思います。

母性というものは、子どもを「ありのままでいい」と包み込む「承認」の愛情です。「保護」の気持ちと言いかえてもいいでしょう。おんぶといえばおんぶを、抱っこといえば抱っこを、遊んでほしいときには十分な遊びを与えてあげるのが母性です。そうやって受容する「母性的な愛情」が、幼児期までは絶対的に必要なのだと、わたしは思っています。言いかえれば、母親の存在が何よりも大事だということです。

しかし、いまのお母さんたちは「しつけよう」「ちゃんと育てよう」と一生懸命になるあまり、非常に「父性的」になっていると感じます。確かに社会的ルールを伝える「父なるもの」は必要ですが、それは十分な母性が与えられて初めて子どもの心に入っていくものなのです。

男性にも子どもをかわいがる気持ちはありますよ。わたしも3人の息子に対して、徹底的に保護的な父親だったと思います。おむつもかえたし、離乳食も食べさせた。子どもの願いはできる限りかなえてあげてきました。

しかし、わたしの家内はよくこう言いますね。「父親がどんなに子どもをかわいがったとしても、母親と同じような気持ちで子どもを育てられるはずがない」と。40週も赤ちゃんをおなかの中で育て、痛みの伴う出産を経験し、母乳を与える努力をし続けてきた母親が、その経験をしていない父親と同じであるはずがない、と。

このような考えに、異論のある方もいらっしゃるでしょうけれど、母親にはそのくらいの強い誇りがあっていいと、わたしは思います。

人を信じる力の土台には
お母さんを信じる力が必要

男女は確かに平等です。しかし、けっして同じではありません。

戦後、わたしたち日本人は「個人の人権」と「男女の平等」を手に入れました。わたしは戦前生まれですから、そのことの価値やすばらしさはよくわかっていますよ。日本の新しい夜明けでした。

しかし、戦後60年をへるうちに、「自分を大事にしよう」という健全な個人主義が、「自分だけを大事にする」という利己主義に変わってしまったように思えるのです。男性も女性も、人間関係を犠牲にしながら自己実現を果たしてしまった。それは家族の人間関係でも同じです。

日本・アメリカ・中国の3カ国の高校生を対象に行った、家族に対する意識調査があります。その中に「親が高齢になって介護を必要としたとき、どんなことがあっても親のめんどうを見るか」という質問に対し、イエスと答えた高校生は、アメリカで46%、中国で66%に対し、日本は16%にすぎませんでした。「親は子どもに介護されることを喜ぶと思うか」という問いに対して、アメリカも中国も約70%が「とても喜ぶ」と答えているのに対し、日本はわずか30%。日本の家族の信頼関係の薄さを実感させられます。

子どもが豊かな人間関係をはぐくめるようになるためには、家族が信頼関係で結ばれていなくてはなりません。そして、その土台をつくるのは、母子の信頼関係にほかならないのです。

母親は育児の主役。でも、よいサポート役が欠かせません

お母さんにはぜひとも、母性的なものを十分に発揮して、子どもを受容していただきたい。「こんな子に育ってほしい」という願いはあるでしょうけれど、それはできるだけ見せないようにして、「子どもはどんな親を求めているのか」を考えて育児をされるといいですね。子どものしてほしいことを、してほしいときにやってあげるのです。そうすれば子どもは、「今度は、ぼくがママの言うことを聞いてあげよう」と思うものです。

わが家もそのような姿勢で3人の息子を育てましたが、成人した息子たちが家内の頼みを断ったのを聞いたことがありません。家内は「これが母親の醍醐味《だいごみ》ね」と笑っています。

とはいえ、母親としての力は母親ががんばるだけでは発揮されません。有能な社長には有能な部下が必要です。サッカーのゴールはうまいパスがないと決められません。母親は育児の主役ですが、名脇役が必要です。それがお父さんであれば最高です。そして、おじいちゃんおばあちゃん、ご近所や友人知人の支えがあって初めて、力が発揮できるものなのです。

母親としての力をパワーアップするというのはすなわち、人間関係力のパワーアップのことかもしれませんね。どうぞ、周囲にたくさんの味方をつくってください。そしてたくさんの人の味方になってあげてください。

戦後60年。男性も女性も、人間関係を犠牲にしながら自己実現を果たしてきた。家族関係も同じです

第2章

わがままな子、心配な子と言われて

ゆっくり聞いてあげてください。
じっくり待ってあげてください。
穏やかに接すれば、
穏やかないい子に育ちますよ。

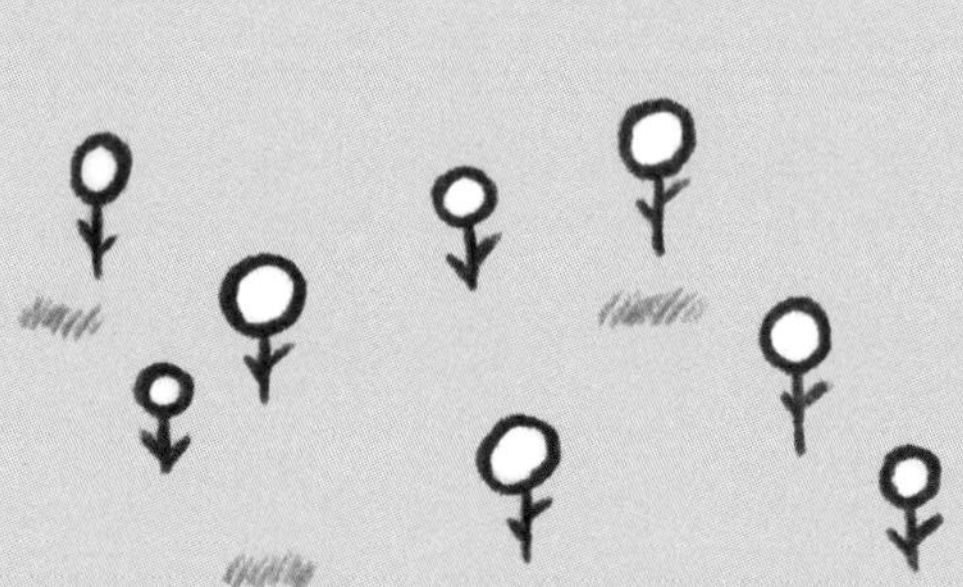

手のかかる子には、思う存分手をかけてあげてください

感情のコントロール、情動のコントロールが苦手なお子さんがいます。こういう子たちは、泣いたら止まらないとか、いつまでもダダをこねるとか、そういうことでお母さんを困らせることが多いのです。寄せられた悩みにも、そういうケースが多く見受けられました。よその同じくらいの年齢の子と比べて、とても手がかかってしまうのですね。

第1章でも書きましたが、小さいうちは手がかかる子どものほうがいいと、わたしは考えています。そして、小さいときに手がかかった子のほうが、どちらかというと、大きくなったときにしっかりするということも実感しています。小さいときに手をかけたから「しっかりした子」に育つのか、しっかりした子というのは小さいときに手がかかるのかはわかりません。でも、親というのは不思議なもので、手のかからない子には手をかけなくなってしまうものなんですね。手のかかる子たちは、親の手が伸びるような、そのようなふるまいをしてくれているわけです。自ら必要なものを手に入れる努力をしているとも言えるのです。欲しいものを欲しいと言える、強い子なのです。

そして「お母さんやお父さんなら、必ずこたえてくれる」という信頼感があるからこそ、

「手をかけてくれ！」と主張するのですね。この激しい感情は、信頼できる人にしか向けられないものです。多くの場合、それはお母さんです。泣いて泣いて、しかられても怒られても訴えたいほど、それほどお母さんを信頼し、頼っているのです。「この子を育てられるのは自分だけなのだ」と、誇りをもってください。そして、手をかけられることに、どうぞ喜びを見いだしてください。手をかけたぶんだけ必ずいい子になるのだと、そう信じてください。きっと、そうなりますからね。

発達障害の可能性を、親はどうとらえるのか

しかし「どうしても難しい」と思ったときには、専門家に相談するという選択もあります。感情コントロールが苦手なお子さんの中には、発達障害の可能性がある子もいるからです。代表的なものはＡＤＨＤ（注意欠陥多動性障害）や、自閉スペクトラム症などです。こういった子たちは、知能の遅れがなくても、感情や情動のコントロールが苦手であることが少なくありません。

本書の中でわたしは、「もしかしたらＡＤＨＤの傾向があるかもしれません」などと書

いている箇所がいくつかあると思います。そのように書かれたからといって、必ずしもその子が障害児だとは考えないでいただきたいのです。逆に、書かれていなくても発達障害をもっているかもしれません。障害がなくても、親や周囲のかかわり方によって、ＡＤＨＤや自閉スペクトラム症のような症状が出てしまうことも考えられます。本来、このような短い相談の手紙だけを見て「障害の可能性があるかもしれない」というような表現など、すべきではないのです。

しかし、あえて書かせていただいたのには理由があります。

発達障害の子どもの程度というものは非常にさまざまで、健常の子どもとを分ける境界線というものが存在しないのです。富士山のようなものをイメージしていただきたいと思うのですが、重度の自閉症の子もいますし、重度のＡＤＨＤの子もいますが、裾野に向かうにつれて健常の子とのちがいはあいまいになり、どこからどこまでが発達障害とは決められなくなります。

視力などもそうですね。視力がいくつになったら眼鏡をかけるという決まりはないのですが、その人が生活するうえで不便であれば、専門家にかかって不便をなくすために眼鏡をかけます。それと同じようなことだと思っていただきたいのです。

大事なことは、障害であるかどうかではなくて、その子の「生きにくさ」「苦しさ」をどう手助けしてあげられるかということです。毎日満たされた心で過ごさせてあげるために、どんな方法を見つけるのかということなのです。

そのために、専門家の助言が有効であることが少なくありません。障害があってもなくても、感情コントロールが苦手な子への対応というものはほぼ同じだからです。

自己肯定感を育てることがいちばん重要な課題なのです

感情コントロールが苦手な子をもつ場合、えてして親はかかわり方をまちがえてしまいやすいのです。ついつい、ほかの子と同じようになってもらおうと、無理な力をかけてしまうのですね。泣く子に対して「そのようなことで泣くのはおかしい」と怒ってしまったり、「そんな子は、ママは嫌いよ」と言ってしまうことも多いことでしょう。そんなとき子どもは、泣いている自分、感情を抑えられない自分はダメな子なのだと、日々そのように感じているのですね。

そのため、感情コントロールの弱い子（大人でもそうですが）は、往々にして、自己肯定感が低くなってしまいがちです。自分という人間に対して、肯定的なイメージをもてないのです。しかし、感情をコントロールする方法を学び、人と折り合いをつけていくためには、自己肯定感が絶対に必要なのです。自分を自分で評価できるからこそ、他人をもたいせつにし、感情をコントロールして折り合っていこうと、そう思えるのです。自己肯定感が低い人、自分の価値を認識できない人はキレやすいのです。やけになりやすいのです。

自己肯定感を高めるためには、「あなたはあなたのままでいいんだよ」という親からの受容が欠かせません。確かにこのような子は、集団行動で迷惑をかけるでしょうし、親も振り回されてふらふらになるでしょう。このままでいいはずはないと、親だからこそ思ってしまうことでしょう。けれど、その思いを乗り越えて「この子はこのままでいいんだ」と、そういうところから出発してほしいのです。親からの承認を出発点にしないことには、子どもは自分の感情を自分でコントロールする力をつけることはできないからです。

ただ、親子だけのかかわりの中には迷いも生まれますし、お母さん自身の感情のコントロールも難しくなります。「親子ともに疲れています」「子どもがかわいいと思えなくなりそう」と感じている場合には、なるべく早めに専門家のアドバイスを受けたほうがいいでしょう。障害があろうとなかろうと、そのアドバイスは有効だと、わたしは考えています。

ささいなことで泣きわめき続けます

（年少男児・1才女児の母）

現在3才半の長男は、わたしの言うことをまったく聞きません。たとえば、園にお迎えに行ったときに、「家に帰ったらアイス食べたい」と言うので、わたしが「これからお昼ごはんだから、ごはん食べてからアイス食べようね」と言うとスイッチオン！「やだー！アイス！アイス！」と泣き叫び、わめき続けます。息子は小食なので、「ごはんを食べたらアイスもＯＫ」と言っているのに聞きません。ほかにも、夜中に冷蔵庫を開けて「牛乳がないけど飲みたい」と泣き叫ぶなど、怒りのネタもいろいろです。しかも毎日、何回も！

わたしだって怒りたくない。大きな心で接したい。できる限り時間をかけ、ゆっくり説明しているつもりですが、まったくわかろうとしません。このままでは社会に適応できない子になるのではないかと不安がつのり、たたいたこともあります。地元の「育児相談」にも通ったのですが、何の解決も得られませんでした。もう身がもちません。助けてください。

お母さんもつらいでしょうけれど、いちばん苦しいのはこの子なのです。救えるのはお母さんだけですよ

いま、いちばん必要なのは喜びを共有する体験なのです

「食べたい」「もっと遊びたい」「泣きたい」、そんな欲求は誰にでもあります。けれど人は、多かれ少なかれ、そんな欲求や感情をコントロールして生きているのです。その力を、ここでは「感情をコントロールする力」と呼びましょう。

子どもがどのようにして「感情をコントロールする力」を身につけていくのかというと、それは、母親と感情（喜び・悲しみ・感動など）を分かち合う体験を積み重ねることから始まります。

生後5カ月から3才ごろまでに、子どもは「他者と共感する」という力を育てていきます。たとえば、ハイハイしてうれしそうな赤ちゃんを見て、お母さんもいっしょにハイハイしてあげますと、赤ちゃんは非常に喜びます。それが「喜びの共有」です。そんな経験が早いうちにたくさんあることが大事なのです。「子どもが喜ぶことをしてあげることが親の喜びなのだ」ということが伝わっている子は、早い時期から感情のコントロールができるようになるようです。

このお子さんは3才ですが、まだ遅くはありません。可能な限り、子どもの言うことを聞いてあげましょう。言うことを聞いてあげればあげるほど、子どもは親の言うことを聞いてくれるようになるものです。「そんなことをしたら、社会に適応できなくなるんじゃないか」と心配しておられるようですが、そんなことはありませんよ。わがままになるなんてこともないのです。

アイスが食べたいのであれば、食べさせてかまわないと思います。アイスをおいしそうに食べる子の笑顔を見て、お母さんも幸福を感じられたらいいですね。それが「喜びの共有」になります。イヤイヤ食べさせるのでは意味がありませんよ。それを数日続けてみたら、今度はお母さんを喜ばせてあげたくなって、「アイスはごはんのあとでいい」と言うようになるかもしれません。

アイスより魅力的な食事を作ってあげるのもいいですね。料理の本を見せて、「どれが食べたい？」と聞いてあげてもいいじゃないですか。アイスより喜ぶ自慢のメニューを、どうぞ一生懸命考えてください。

子どもを「親の都合」に合わせようとしているうちは、感情をコントロールできるようにはならないのです。逆に、親が子どもに合わせていれば、必ず親の言うことを聞く子に育ちます。

ＡＤＨＤなどの発達障害も視野に入れ、特別な注意をはらってあげましょう

ただ、この相談文だけではわかりませんが、もしかしたらＡＤＨＤ（注意欠陥多動性障害）の傾向があるのかもしれないとも感じました。その場合は、専門家の助言が役立ちます。保健所などの「育児相談」で十分な助言が得られないなら、小児神経科、または大学病院の小児科に一度相談してみるといいと思います。

それはけっして「ＡＤＨＤという障害がある子だ」というラベルをはるためではありませんよ。ＡＤＨＤとそうではない子の境界線は、はっきりとはしないものです。血圧の高い・低い

と同じようなものと考えてみてはいかがでしょう。「けれども特別な注意が必要ですよ」と、それを伝えるための目印だと。

ＡＤＨＤのお子さんの場合、混乱してから落ち着くまでに時間がかかるんですね。しかったから、言い聞かせたからといって、すぐに立ち直るものではないのです。

それに対して親のほうが激しくいら立ってしまうと、親子で泥沼にはまり込んでしまうことになりかねません。根気強く「この子は時間がかかるのだ」と思ってあげるといいのです。こちらのペースに合わせようとはせず、その子のペースを認めて、ゆっくりかかわってあげてください。

そして、泣きわめいているとき、この子自身が非常につらいのだということもわかってあげるといいですね。「アイスが食べられない」「牛乳がない」ということで深く傷つき、お母さんがなんとかしてくれるんじゃないかと期待して、必死に泣いて訴えているのだと思います。

どうぞ怒らないであげてください。「この子はわたしが救ってあげるのだ」という静かな誇りをもって、可能な範囲であれば、その願いをかなえてあげてください。牛乳は冷蔵庫に切らさないとか、時間があれば買いに行ってあげるとか。無理であれば、ゆっくりと短い言葉で説明しましょう。めんどうくさがらず、手間をかけ、時間をかけ、待ってあげましょう。最初にがまんするのは、子どもではなく親なのだと、そう思われるといいですね。最初のうちは効果が感じられないこともあるでしょうけれど、泣きわめく時間は確実に短くなるはずです。穏やかに接し続けていると、穏やかないい子になりますよ。

母親に対してわがまま大爆発の三男

（小5と小1と年少男児の母）

年少の三男は、何でも「お母さん、お母さん」なので困っています。たとえばビデオをつけるときも、自分でできるにもかかわらず「お母さん、つけて！」と言うのです。たいていの場合は言うことを聞いてあげますが、用事で手が離せないときなどは近くにいる夫や上の子に頼むことがあります。そうすると火がついたように泣き叫び、1～2時間泣き続けます。そんなことでどうして泣くの？と思うのですが、わたしがつけ直してもまた自分で消して、「お母さんつけてー！」と泣いて暴れる。手がつけられず、家族で「また始まった」という感じです。

いつもこんな感じで、「お母さん」と呼ばれてすぐに行かないと、とにかく腹が立つようです。すぐに行っても、自分が思ったとおりにわたしがやらないと同じ状態に。一日に何回もこういうことがあるので、本当に困っています。

手のかかる子や、要求の多い子は蘭や菊の花なんですよ。手をかければ見事な大輪の花を咲かせます

やってほしい相手はお母さんだけ。ほかの人じゃダメなのです

このご相談の方は、お子さんが要求するたびに「できるだけやってあげている」と書いていらっしゃいますね。でも、この子にとっては、まだまだ足りていないのでしょう。

この子は、スイッチを入れるのがめんどうで「やって」と言っているのではありませんよ。お母さんが自分のために動いてくれる、ということにこだわっているのです。自分の願いを、お母さんに「喜んで」やってほしいと願っているのです。だから、自分の願いをお母さんがちゃんと受け止めてくれず、お兄ちゃんやお父さんに頼んだことに腹が立ってしまうのでしょう。

「たかがスイッチのことじゃない」と思うかもしれません。でも、この子にとっては1時間も2時間も泣き続けるほど傷つくできごとなのです。だからお母さんが再度スイッチを入れてくれたとしても納得できない。「元本だけじゃダメだ。ちゃんと利子つけて返せ！」と（笑）、そういう気持ちになっているのだと思います。

おそらく、上のお子さんはこんなことをお母さんに要求しなかったでしょうね。よその家の子だってこんな要求はしないでしょう。「なんでこの子はわがままなんだろう」と思いつつも、お母さんは可能な限り言うことを聞いてあげている。お母さんにしてみれば、もう十分すぎるほどやってあげている、と感じるかもしれません。でも、この子にとってはそれでも足りないんです。

手のかかる子に十分手をかけましょう。手をかければかけるほど、自立は早まります

子どもには、欲求の強い子と弱い子がいます。手のかかる子もいれば、かからない子もいます。そんな子どものタイプを見きわめて、その子に合うような育児をするのがよい育児なのです。

欲求の強い、手のかかる子なら、「この子に十分手をかけてあげるのがわたしの仕事だ」と覚悟を決めて、その子に合わせてあげるのがいいのです。「そんなことをしたらますますわがままになるのではないか」と心配なさる必要はありませんよ。満足できれば言わなくなります。

それどころか、小さいころに親に手をかけさせた子、そして親の手のかけ具合に十分満足できた子は、成長してからの自立は驚くほど早いのです。逆に「調子に乗るから」と厳しく接してしまうと、いつまでたっても自立できません。つまり手をかければかけるほど、それだけの成果を見せてくれる子だと思ってください。

花だってそうでしょう？　たいして世話をしないのに、まぁまぁきれいに咲く花もあります。でも、うんと手をかけないと咲かない花もあります。でもそういう花は、手をかけたらかけたぶんだけ、見事な花を咲かせるものなのです。蘭の花や大輪の菊の花がそうですね。「わたしは、手のかかる高い花を育てているのだ。将来が楽しみだわ」と、そんなふうに思ってみてはいかがでしょう。

子どもの願いはどんなものでも喜んでかなえてあげていいのです

子どもの言うことは、何でも聞いてあげていいんですよ。テレビのスイッチを入れてほしいと言うなら、「そんなのお安いご用よ」と、笑顔でやってあげればいい。数秒でできることです。それを「今回だけよ」と言い含めたり、最初は笑顔でやってあげていてもしまいには「もういいかげんにしなさい」と怒ったり、そんなやり方では意味がありません。何度繰り返されても、子どもの願いをたやすく聞いてあげることが大事なのです。

「お母さんは、お願いをちゃんと聞いてくれるのだ」と理解できれば、スイッチくらい自分で入れたほうが早いのですから言わなくなります。そして今度は、お母さんの願いを聞いてあげようと思うのです。

それに、親にわがままを言える子というのは「安心な子」です。それだけ親に気を許し、信頼しているのですから。心配なのは、親の前ではわがままを言わないのに、幼稚園や保育園や学校で先生や友だちにわがままを言う子です。成長したときに反社会的な行動に出やすいのはこういう子たちです。

「この子は、わたしにだからわがままが言えるのだ」と思って、十分甘えさせてあげてください。

将来が楽しみな子です。きっといつか、見事な花を咲かせますよ。

感情が爆発すると1時間以上泣きやまない

（2才女児の母）

2才10カ月の娘は、とにかくよく泣きます。泣くというより泣き叫び、わめくといった感じです。原因はさまざまで、たとえばテレビのスイッチを切ろうとしたら先に上の子に切られてしまったとか、その程度のことで泣くのです。「ママやって！」と言うことも多く、「何をやってほしいの？」と聞いても、「ママやって！」の一点張りで泣き叫びます。泣くと「めんめ！」（目をふいて、の意味）と言うので、ガーゼで目をふいてあげると「もうちょっと」、またふくと「もうちょっと！」と何十回ふいてもきりがありません。「もうこれ以上ふいてあげないよ」と言うと、今度は「ティッシュでふいて！」……毎日毎日、この繰り返しです。

一度泣き始めると、何を言っても何をやってもダメで、ひどいときには泣き叫び、わめき続けること1時間半も！ それが1日に4〜5回あった日もあり、合計すると1日に4時間泣いていた日もありました。もしかして発達障害の一種ではないかと心配になります。

この子はお母さんといろいろなことがしたいんですね。でも、思いつかない。だから、泣いてダダをこねるんです

大事なことは、めんどうがらずにやってあげることなのです

この子はきっと、目をふいてもらいたいわけではないのだと思います。テレビのスイッチを切られたことだけに、腹を立てているわけでもないでしょう。きっと、お母さんに「してほしい」ことがあるのです。でも、この子はまだ小さくて「自分が何をしてもらいたいのか」がわからない。だから、「目をふく」なんてことを、ムキになって頼んでいるのでしょうね。

わたしが思うに、この子はお母さんと、いろいろな楽しいことがしたいんです。本を読んだり、積み木をしたり、おふろで水遊びをしたり。そういうことがしたいのに、思いつかないんですね。

言葉にできない。もっとお母さんに甘えたいのに、上手に甘えられない。そういうことなのだと思います。

どうぞ、この子がしてほしい遊びをいろいろやってあげてみてください。お母さんのしたい遊びではありませんよ、その子のしたい遊びです。すると次からは「目をふいて」ではなく、「ご本読んで」など、別なことを言ってくると思います。そうしたら、喜んでやってあげてください。

ＡＤＨＤなどの障害を疑っていらっしゃるようですが、多動な面や注意欠陥の部分があまりないご様子であれば、そうではないと思います。お母さんにやってもらいたい、それだけなんだと思います。

注意していただきたいのは、めんどうがらずにやってあげるということです。「自分でやれるでしょ?」と言ったあとでシブシブやってあげるんじゃダメなんです。「めんめ」と言われたら、すぐにふいてあげる。子どもが喜ぶようにやってあげるんです。それを繰り返しやってあげると、子どもは安心します。うれしそうに落ち着きますよ。「その顔を見るのがわたしの喜びなのだ」と、そう思いながらやってあげるといいですね。そうすれば、こういう問題はどんどん消えていきます。必ず消えます。

繰り返しますが、喜んでしてあげることですよ。「早くこれを終わらせて、次に何をしなくちゃ」と思いながらするのではなく。この子を喜ばせてあげられる人間は、わたしだけしかいないのだ、という誇りをもってやるのです。

泣き始めたら、ゆったりと抱きしめる。「ママの大好きな○○ちゃんだから」と

泣き叫び始めると1時間以上泣き続けてしまうということですが、こういうときにどうすればいいかというと、わたしは抱っこしてあげるのがいいと思います。抱っこすると、ますます怒って暴れることもあるでしょう。でも、まだお母さんの力のほうが強いでしょうから、暴れられないほど強く抱きしめてください。

そしてこう言うんです。「ママの大好きな○○ちゃんだから」「ママの大事な○○ちゃんだから」と。

それだけを言うのです。そのあとはつけ足さないでください。「そんなことしないで」とか、「いい子になって」とかは、言ってはいけません。こっちの要求は言わないのです。ただただ「大好きな○○ちゃん」と言って抱きしめるんです。暴れられないほど強く。いまなら、まだでき

ますよ。

そしてお母さん、いつも「この子はどんな親になってほしいと思っているんだろう」と思いながら育児をしてください。わが子に対して、「泣かない子、聞き分けのいい子になってほしい」と望んでいると思いますが、その気持ちは心の奥にしまって、わが子が何を望んでいるのかなと、頭のチャンネルをそっちに切りかえるのです。そして、子どもがしてほしいことをしてあげるんです。

お子さんは、ちっともわがままじゃありません。まだ3才にもならないんです。そんな小さな子の「してほしいこと」をしてあげないとすれば、親のほうがわがままかもしれませんよ。この子をたくさん喜ばせてください。喜ぶわが子を見てお母さんも喜んでください。必ずいい子に育ちますよ。

保育園に迎えに行っても1時間以上帰ろうとしない

（2才女児の母）

保育園に子どもを預けているのですが、迎えに行くと1〜2時間も園で遊んで帰ろうとしません。これは帰りだけで、朝は夫が連れていくと、あっさり離れるようです。保育園は好きなようですが、わたしが仕事を休んでいるときには、行きたがらないこともあります。

佐々木先生の『子どもへのまなざし』を読んで、「子どもの言うことを聞いてあげよう」と思っていますが、ぜんそくがあるため、保育園の帰りに病院へ行く必要もあって、いつも1時間以上遊ばせるわけにはいきません。なかなか帰ろうとしない娘を見ていると、最終的にはキレて怒ってしまうことも少なくありません。

最後の最後までしからないんですよ。どんなに待ってあげても最後に怒ったら意味がありません

お母さんと遊び足りていない子は保育園から帰りたがらないものです

この子は、お母さんといっしょにやりたいことや、お母さんにやってほしいことが、たくさんあるお子さんなんですね。

お母さんとの遊びや、添い寝や、かかわりが足りていない子は、お母さんから離れられないものです。だったらさっさと家に帰って、お母さんと二人っきりの時間を過ごしたいのだろうと思いますが、こういう子ほど保育園から帰りたがりません。これは、わたしが何十年も子どもたちを十分見聞きして、実感していることです。

仕事をもっているお母さんは、大忙しです。でも、家の仕事なんて手抜きでいいんですよ。そんな時間は削ってしまって、この子と十分遊んであげてください。家や家のまわりで、母子で十分遊ぶことができれば、保育園に長くいることもなくなると思います。

そう言われても「子どもとの遊び方がわからない」と言うお母さんも、案外多いんです。遊びの本を買って、一生懸命研究して「よーし、遊ぶぞー」とがんばっているのに、子どもが興味を示さないなんてこともあるでしょう。でもね、その子がお母さんといっしょにしたがっていることなら、どんな遊びでもいいんですよ。

おふろでゆったり温まりましょう。ここはスキンシップのたいせつな場所

わたしは、おふろで遊ぶのがいいと思いますね。おふろってとてもいい場所なんです。狭くて、温かくて、お母さんに包まれてやすらぎを感じられる場所です。おふろ用のおもちゃを少し用意して、子どもが満足するまでつきあってあげてください。おふろを上手に使うと、子どもの情緒はとてもいい状態に発達します。おふろは「洗う場」じゃなくて「親子のスキンシップの場」。

多少の洗い残しは気にしないでいいんですよ。

ほかにも、ひざに乗せて絵本を読むとか、積み木を積んで崩してみるとか。遊びは何でもいいんです。お母さんとどれだけいい関係で遊べるかが大事なんです。

そして、いちばん大事なことはキレないことです。どんなに言うことを聞いてあげたとしても、楽しく遊んだとしても、最後の最後でキレてしまったら意味がありません。

キレたくなったらご主人に当たり散らすんです。「なんだかわたし、イライラしちゃった」ってご主人に言うんですよ。２才の子に言ってはいけないのです。それだけは、どうぞ心にとめておいてください。

ほかの子のことが気になってしかたがない

（4才男児・6カ月女児の母）

4才の息子は、服装や持ち物にこだわりがあり、朝、なかなか保育園に行くことができません。「好きな服があって、それでなくちゃイヤ」というのではなく、「みんな（保育園のお友だち）は何を着てくるのか」が心配でしかたがないのです。

「みんな半そでかな」「みんな傘持ってくるかな」「みんな長靴かな」……、キリがありません。小雨の日には普通の靴と長靴を用意して、園の前で着がえることもあります。周囲の目など気にせず、「自分は自分！」「何を言われてもいい」という子になってほしいです。

いまは下の子の育休中なので、保育園の先生には「お母さんが家にいるのを知っているから、手をかけさせようとしてるんですよ」と言われます。でも、基本的にはすべて上の子優先にしてきたし、息子も妹をとてもかわいがっていて、遊んでくれたり、絵本を読んでくれたりします。赤ちゃん返りもありません。息子の迷いに、いつまでつきあえばいいのでしょう。

いい子になろうとがんばりすぎています。あまりほめないこと、しかりすぎないこと、評価しないことを心がけて

親にアレコレ言われずに育った子は他者の目が気にならない

このお子さんは、大変「いい子」なのですね。４才の男の子は普通、妹に本を読んであげようなんて思わないものです。赤ちゃん返りもなく、妹をかわいがっているのですね。「いい子になろう」とする気持ちが、とても強いお子さんなのでしょう。

「保育園でのお友だちの評価を気にする」とお母さんは書かれていますが、家にいるときからすでに、他者の目、つまりお母さんの目を気にしているのです。お母さんの望む「お兄ちゃん像」に気がついて、ほめられる行動をとっていますよ。この子は、そういうことにとても敏感な子

なのです。

　こういう子なのですから、お母さんは多少ほうっておかなくちゃいけません。具体的には、ほめたりしかったりしすぎないこと、子どもの行動をいちいち評価しないことです。

「自分は自分」「誰に何を言われても平気」という生き方ができる子というのは、親に口うるさいことを言われていないんです。逆に、人の目を気にする子の多くは、親に「ああしろ」「こうしろ」と言われている子、親が常に「これがいい」という指標を示している子に多いものです。ほめられすぎている子もそうです。「ほめる」ということもまた、親の価値観を伝えるメッセージですから、子どもをコントロールしてしまいます。

正しいことは〝適量〟言うこと。薬と同じで、多いと副作用が出ます

　親はつい、失敗するとしかる、うまくいくとほめる、ということをしてしまいますが、育児が賞罰に傾きすぎると、子どもは自分の判断で行動できにくくなります。親の顔色が気になってしまうんですね。

子どもに正しいことをたくさん言えば、正しいことができる子になるかというと、そんなことはありません。正しいことは、〝適量〟言うのがいいのです。「こうするといいね」「ああしちゃダメだ」「これができてスゴイね」などと言いすぎると、薬と同じで、必ず副作用が出てしまいます。そういう評価に従ってしか動けなくなってしまいます。

でも、どのくらいが適量なのかが難しい。「体重何キロの子には1日3回までが適量」なんて決められるものではありませんから、お母さんやお父さんがちゃんとわが子を見て決めるしかありません。あまりに何も言わなすぎると、まちがったことを平気でやってしまうかもしれません。言いすぎてしまえば、自分で判断できず、人の顔色が気になります。そこのところを、お母さんとお父さんが判断できると、適量がわかってくると思いますよ。

わからなければ、言う回数を単純に減らすだけでもいいでしょう。多く言いすぎている人がほとんどですから。

そして、家庭で失敗をたくさんさせてあげるといいですね。家の中で臆せず失敗できるようにしてあげてください。失敗してもだいじょうぶだと思えたら、友だちの評価が気にならなくなるのです。

子どもがしてほしいことをやってあげる。たっぷり甘えると早く自立するものです

文面を見ると、このお母さんはとてもまじめな方なのだと感じます。子どものためにといろいろ考えず、少しほうっておくといいと思いますよ。子どもから「○○して」と言われたときだけ、やってあげるといいのです。もちろん、喜んでやってあげるのです。

親に手をかけさせようとする子というのは、親にもっと甘えたい子なんですね。もっと手をかけてほしいんです。お母さんは「手をかけている」と思うかもしれませんが、その子にとって必要なときに、必要な量だけ、手をかけていることが大事なんです。

わたしには3人の子がいますが、それぞれしてほしいことは違いました。一人の子は、テレビを見るときに必ずひざの上に乗りたがりました。そのくらいお安い御用なので、どんなときでも必ず乗せてやりました。そうしたらあるとき、スッと離れてしまい、二度と乗ってこなくなりました。こっちが寂しくなるくらい、あっという間です。

息子さんがしてほしいことは何なのでしょうか。してほしいことを、お母さんはどうぞ喜ん

でやってあげてください。満足するまでやってあげてください。そして、それ以外のことはほうっておくのです。

そうすればきっと、「心配する必要なんてなかったんだわ」と拍子抜けするほど早く、手をかけさせない子になってしまいますよ。寂しくなるほどです。

本当は優しい子なのに、カッとなると手が出てしまう

（年中男児の母）

息子はとても気弱で優しい子なのですが、言葉で表現することが下手で、口でかなわない相手には手が出てしまいます。そのため、周囲からは「乱暴な子」という目で見られています。

一人っ子ということもあり、もしかしたら甘やかして育ててしまったのかもしれません。でも、悪いことにはそのつど「いけないことだよ」と言って聞かせているつもりです。自分でも「たたくのは悪いことだとわかっているのに、たたいちゃうんだ」と言うのです。

いまはまだ、たたかれた子も次の日にはあっけらかんと遊んでいますが、そのうち息子のような子はお友だちに嫌われて、「ひとりぼっち」になってしまうかもしれません。どうすればいいのでしょうか。

心が満たされない子は攻撃的になります。「乱暴してはいけない」と言うよりも甘えさせてあげることのほうが大事です

「悪いことは悪い」と言いすぎるのも子どもにとっては害なのです

気を悪くされるかもしれませんが、あえて厳しい言い方をさせていただきますと、この子は「気弱で優しい」のではなく、臆病《おくびょう》なのだと思います。自信をなくしているのです。そして、欲求不満が強いから乱暴になっているのでしょう。

人間は誰しも攻撃性をもっていますが、欲求不満が強いほど攻撃性も強くなります。子どもなら、赤ちゃん返りをしたり、ひどいダダをこねたりすることもあるでしょう。

母親に伝えたいこと、わかってほしいことがあるのに、臆病で言えない。だから乱暴になる。

なのに母親は「そのつど」しかる。欲求不満はますます強くなる。そしてまた乱暴する……そういう悪循環に陥っているのかもしれません。

子どもに「悪いことは悪い」と伝えることは、もちろん必要なことです。しかし、多すぎてはいけません。適量を伝えることです。この方は、「そのつど伝えている」と言っていますが、それでは多すぎるのです。正しいことばかり伝えすぎると、子どもは自信をなくしてオドオドします。欲求不満は募るばかりです。

悪いことをした子ほど温かく包んでほしい。本当の意味で甘やかしてください

ご相談の文章の中に「一人っ子なので甘やかしているのかもしれませんが」とありますね。いいえ、その逆です。この子にとってたいせつなのは、本当の意味で甘やかされることだと、わたしは思います。

「甘やかす」ということは、子どもの願いをできる限りたくさんかなえてあげることです。それは物を買ってあげたり、テレビやゲームを好き放題させるということではありませんよ。お

母さんの体と時間を、子どもが望むままに与えてあげるということです。

この子は何をしてほしいのでしょうか？　ママとゆっくり遊びたい？　それとも添い寝をしてほしい？　ひざにすわって甘えたい？　「こんな年になって、まだこんなことをしてほしいの？」と驚くことがあるとすれば、「赤ちゃん時代に甘えが足りなかった」ということの表れです。いくつになってからでも遅くはありません。子どもに要求することをやめ、子どもの要求を聞いてあげてください。

わたしが定期的に勉強会を開いている幼稚園でも、ひどく攻撃的な子がいました。しかっても、注意しても直りません。結局、その子の悲しみを癒やす方向で対処することにしたのです。

その幼稚園では、何かトラブルがあったとき、担任の先生は乱暴した子のほうを抱っこすることにしました。泣かされた子は、誰か手のあいている先生や子どもたちがなぐさめるんです。実際に、それで十分でした。担任の先生は、乱暴した子に何も言いません。ただ抱っこするだけです。二人を引き合わせて「仲直りしようね」なんてことは、絶対にしません。二人いっぺんに抱っこするのも効果がない。それでは、乱暴をした子の心は癒やされないからです。

乱暴された子の悲しみは、その場限りの悲しみです。少しのフォローがあれば立ち直れます。でも、乱暴してしまう子、友だちを泣かせてしまう子は、もっと悲しい。もしかしたら、生まれてからずっと悲しいのかもしれない。その心を癒やさなければ、その子の乱暴はやみません。

相手に謝るのは親の仕事です。愛情が試される場面だと心得て

もしもわが子が誰かに乱暴しても、子どもに「謝れ！」なんて言ってはいけません。それで満足するのは親だけです。相手の子に謝るのは親の仕事だと、わたしは思います。親が、心から何度でも謝るのです。それだけで子どもは、「自分のやったことは、このように謝るべきことなのだ」と理解します。その行動だけで十分伝わるのです。

なかには、「もともとの性格が乱暴だから」と子どもの気質のせいにしたり、「幼稚園の指導が悪い」と他者のせいにしたがる人もいます。もしもそうだとしても、もともとの気質をつくり直すことはできませんし、幼稚園にあれこれ要求しても変わる保証はありません。親にできることは、親子関係を変えることだけです。

そしてそれこそが、子どもがもっとも必要としていることだと思います。

乱暴、すぐどなる、友だちに怖がられる息子

（年少男児の母）

4才の息子は小さいころから自己主張が強く、言葉が遅かったため、すぐに手が出る子でした。幼稚園に入ってからは人をたたかなくなりましたが、今度はすぐどなるようになり、周囲の子から怖がられているようです。幼稚園の外で遊ぶ子も減り、遊びに行けなくなってしまった家もあります。

親の愛情不足かと思ってたっぷり遊ぶようにしたところ、「お母さん大好き」と言うことが増えたのですが、お友だちとの関係は変わりません。トラブルが起きるたびに言い聞かせてきましたが、聞こうとしないので、結局わたしもどなってしまいます。

わたしがどなるから、息子もどなるんですよね。家の外に出なければトラブルも起きません。わたしも怒らなくてすみます。外出しないほうがいいのでしょうか。すべてが裏目に出ている気がします。

このお母さんはわかっていらっしゃる。どならない子に育てたければ親自身がどなるのをがまんしなくては

自己主張が強いのではなく、衝動性のコントロール力が弱い子なのです

この方の相談は結局、「どうすればわたしが怒らないでいられますか?」ということなのですね。この方は、もう十分わかっていらっしゃる。「自分がどなってしまうから、息子もどなるのだ」と、ご自身が書いていらっしゃるのですから。

おっしゃるとおりですよ。まずは、お母さんが怒らなくなることから始めなくてはいけないのです。このお子さんは、衝動のコントロール力がとても弱いお子さんだと感じました。お母さんは「自己主張が強い」と書いていますが、そうではないと思います。衝動のコントロール

力が弱いのです。

人間は「何かしたい」という感情がわき上がったときに、「でも、しないほうがいいかもしれない」という反対の感情もわくものです。たとえば「どなりたい」と思ったときに、「どならないほうがいい」と反対方向に動く気持ちです。その「反対の作用」が起こりにくい状態を「衝動のコントロール力が弱い」というのです。これは運動が器用か不器用かというのと同じように、感情を扱うことが器用か不器用かということなんですね。

衝動のコントロールが上手にできない子は、集団生活で苦労します。しかられたり、嫌われたりすることが増え、自信を失い、自分への肯定的なイメージをもてない子になってしまうことがあります。

こういうお子さんを、怒ったり、しかったりして反省させるのは、かえって逆効果なのです。自信をなくせば、ますます衝動をコントロールする力は弱くなります。

何週間、何カ月かかるかわからないけれど気長に言って聞かせてください

まず大事なことは、お母さんが怒らなくなることです。もちろん、トラブルが起きたときに言って聞かせるのは大事なことです。でも、すぐに言うことを聞く子になるなんて、そんな期待をしてはいけません。もしかしたら聞く耳をもたないときもあるでしょう。それでも怒らないのです。穏やかに、何日も、何週間も、何カ月もかけて、何度も何度も言うのです。どれだけ続いたとしても、いつも穏やかに言うのです。そしてあるとき、「そういえば、息子に対してイライラしたり、どなったり、感情が揺れることがなくなってきたなぁ」と気がつくころ、遅れて息子さんも大声を出さなくなっている、それがいいやり方なんです。

何週間、何カ月、お母さんに遅れるかはわかりません。でも、育児とはそういうものです。言い聞かせたらすぐに子どもが変わるなんて、そんなことは絶対にありませんからね。それに、どんなに穏やかに言い聞かせても、最後にどなってしまっては意味がありません。

「これはダメ」ではなく、「こうするのがいいんだよ」と短い言葉で具体的に

このお母さんは「すべてが裏目に出ている」と悩んでいらっしゃいますね。子どもによっては、お母さんの働きかけが思うように効果を表さない子もいます。たとえばＡＤＨＤ（注意欠陥多動性障害）などの特性のあるお子さんです。このタイプのお子さんは、衝動のコントロールが非常に苦手です。このお手紙からではわかりませんが、お母さんが「もしかして」と思うのであれば、専門の先生に相談してみるのもいいかもしれません。児童精神科や神経科の先生でもいいし、地域の発達相談でもいいでしょう。

ＡＤＨＤの傾向があってもなくても、衝動のコントロール力が弱いお子さんへの対応は同じです。それをより具体的に学ぶためには、専門家の協力はあったほうがいいかもしれませんね。大事なのは、けっして怒らないこと、何度も繰り返し言って聞かせること。「こうしてはいけない」と言うのではなく、「こうするのがいいんですよ」という表現を意識して使ってください。否定的な言葉は極力避けて、できるだけ肯定的に伝えましょう。くどくど言うのもよくあり

ません。短い言葉でこちらが期待すること、してほしいことを具体的に言うのです。「いけない」と否定するのは簡単ですが、「こうしたほうがいいね」と具体例をあげるのは難しいものです。がんばってみてください。そしてもし、どうしてもどなりたくなったら、息子さんの前から逃げてもいいんです。トイレに入って少し深呼吸するといいと思います。

息子さんといっしょに遊ぶ時間を増やしたと書いていらっしゃいますが、とてもいいですね。これからも、いっしょに遊び、おふろにゆっくり入り、お子さんの好きな夕食を作ってあげ、お子さんの言うことをたくさん聞いてあげてください。そうすれば必ず、お母さんの言うことを聞いてくれる子に育ちますよ。本当にいい子になります。やってみてください。

コラム2 遊びについて考える

なぜ遊ぶことが大事なのですか？
どうやって遊ばせたらいいのですか？

子どもの遊びを奪った社会がいじめや犯罪を生み出す

10代の子による事件や、家族内の殺人事件が繰り返されています。いじめが原因と思われる自殺も、なくなる気配はありません。

不幸な事件を起こす少年たちには、「他者と共感する力」が弱いという共通点があります。共感する力がないから、他人の悲しみを感じることができない。だから、いじめることができるし、他人の命を奪うこともできる。とても不幸なことです。なぜなら他人を死なせた瞬間に、その子の人生も終わるからです。将来も家族も自尊心も、すべて失われてしまいます。

「他者と共感する力」は、幸福な人生を歩むための原点です。この力を最初に身につけるのは、赤ちゃんのころです。泣いたらあやしてもらい、いっしょに喜んでもらう……そうやって親に共感してもらえた経験が「他者と共感する力」の土台になるのです。

けれど、親と共感するだけでは足りません。絶対に必要なのが、友だちという存在です。すべての子どもは、「また明日も遊ぼうね」「○○ちゃんがいたから楽しかった」、そう言って別れられる遊びを、友だちと体験しなくてはいけません。この経験が積み重なることでしか、他者をたいせつにしようとする気持ちは育たないからです。なぜだと思いますか？

ルールを守ること
役割への責任を果たすこと
達成感を味わうこと
すべてが遊びの中にある

遊びの中でしか、道徳観やルールの必要性は学べない

楽しい遊びをするためには、「ルールを守る」必要があります。複数で遊ぶとき、そこには必ずルールが生まれます。スポーツのような複雑なルールから、とても単純なきまりまでさまざまですが、みんなで決めたルールは絶対です。

遊びには「役割の分担」もあります。子どもたちは遊びの中で、けっして楽な役割を担おうとはしません。野球ならピッチャーを、電車ごっこなら車掌さんをやりたがります。けれど、全員ができるわけはないので、メンバー構成を考えて「ぼくはこっちでいいよ」と引くこともします。また、その役割につくためには、メンバーの承認を得ることもします。

そして役割を受け持ったら、真剣に義務を果たします。走るときは全速力です。水は一滴もこぼさないようにがんばるでしょう。そして最後までやり遂げたときに、仲間とともに「達成感と感動を分かち合う」ことができるんです。万が一失敗したとしても、誠実に義務を果たした仲間を責める子はいません。

このような遊びの中で、子どもたちは道徳性と倫理観を学びます。いいえ、子どもたちは「遊びの中でしか」道徳性や倫理観を学ぶことができない、と言っても過言ではありません。それほどのものなのですよ、遊びというものは。

ほうっておいては、もう子どもたちは遊べない

全国に14万人以上の不登校児がいますが、彼らは勉強ができないから不登校になっているわけではありません。不幸な事件を起こした少年も、学校の成績が優秀だったという子が少なくありません。でも、人間関係がつくれない。友だちと楽しく遊ぶことができないのです。

いいですか？　子どもたちの誇りや自信は、いくら勉強ができても、培われることはないのです。それは本当のことです。どんなに勉強ができても、友だちに認めてもらうことができなければ、自分を価値ある人間とは認められないんです。

いくら勉強ができても誇りや自信にはつながらない。友だちが認めてくれるから自分の価値を知るのです

昔、子どもたちはほうっておけば遊びました。だから大人は「遊びが重要だ」なんていう必要はなかった。勉強や習い事は言われないとやらないので、勉強や習い事が遊びよりも価値があると錯覚してしまったんですね。でも、いまの子どもたちは、ほうっておいてはもう遊べませんよ。遊べなくなってしまったんです。それがいかに危機的なことなのか、すべての大人にわかってもらいたいと思います。

遊ぶ場がなければ自宅を開放するのがいちばんいい

自分の子をまっとうに育てたかったら、わが子が友だちと、どこでいきいき遊べるのかを考えなくてはなりません。その「場」がないなら、自分の家を友だちに開放するのがいちばんいい方法です。

いまから20年以上も前の話になりますが、息子たちが幼児から小学生だったとき、わが家のいちばん大きな部屋を子どもたちに開放していました。自由に遊びに来てもらい、ドタバタしても、落書きしても自由にしました。カーペットは安物だし、壁紙は張り替えられますからね。そのかわり、ほかの部屋には絶対に入らないことを約束させました。家内は多少のおやつは用意したようですが、それ以外はかまいませんでしたね。

いろいろな子が来ましたよ。なかには放任家庭の子もいて、その子はわが家に来るなり、冷蔵庫を開けたのだそうです。家内は「勝手に冷蔵庫を開けないでね。何が欲しいのか言ってくれたら、おばちゃんが出してあげる。なかったら用意しといてあげる」と言ったそうです。言うことを聞いてあげたら、その子はとてもいい子になって、雨が降ったとき「洗濯物がぬれちゃうよ」と教えてくれたこともあったと言います。

「よその子のために、どうしてそこまでしなくてはな

らないの?」と思う人もいるかもしれませんね。でも、わたしも家内も、よその子のために自宅を開放したのではありません。わが子3人のために友だちを呼んだのです。少子化が進み、遊べる相手そのものが少ない時代だからこそ、どんな子にでも家に来てもらわないことには、人間関係が学べないのです。

だから、子どもの友だちを親が選ぶようなことは絶対にしないことです。親はつい、しつけの悪い子、乱暴な子とは遊ばせたくないと思いがちですが、悪影響しか与えない人間もいませんし、いい影響しか与えない人間もいません。

親は「善も悪もみんな仕入れて帰っておいで。どれが善でどれが悪かは、家庭生活の中でちゃんと教えてあげるから」というくらいの自信をもって、子どもの友だちを受け入れてください。もちろん、「うちの子がいないときには来てはいけない」「○曜日はダメ」というルールを決めてもかまいません。

親自身が人間関係を外に開く。子どもはそれをまねていく

息子と公園にキャッチボールに行くときや、野球観戦に行くときは、なるべく多くの子を誘いました。友だちと行くと、息子は家族と行くときの何倍も楽しそうなんですよね。逆に友だちの家庭からも、映画や旅行、サッカー観戦などに誘っていただきました。おふろや夕食をいただいたことは数え切れません。

そうなるためには、親自身が外に向かって人間関係を開いていくことです。住んでいる地域の中で、共感しやすい人や気心が通じやすい人を見つけて、積極的に交わるのです。そして、「頼り頼られる関係」を築くことです。「こちらは迷惑をかけませんから、そちらもかけないでくださいね」という人間関係では、子どもは自立できません。「自立」とは「人に迷惑をかけないこと」ではなく、「こっちも頼りますから、困ったときはいつでも頼ってください」という関係をつくることです。いろいろな家庭に子どもが遊びに行き、お世話になったら心から感謝する。そして、こちらも子どもたちを受け入れる……そんな関係を、築いてください。

第3章

集団生活の入り口で

友だちと安心して交わるためには
家庭で安心できる時間が
必要なのです。

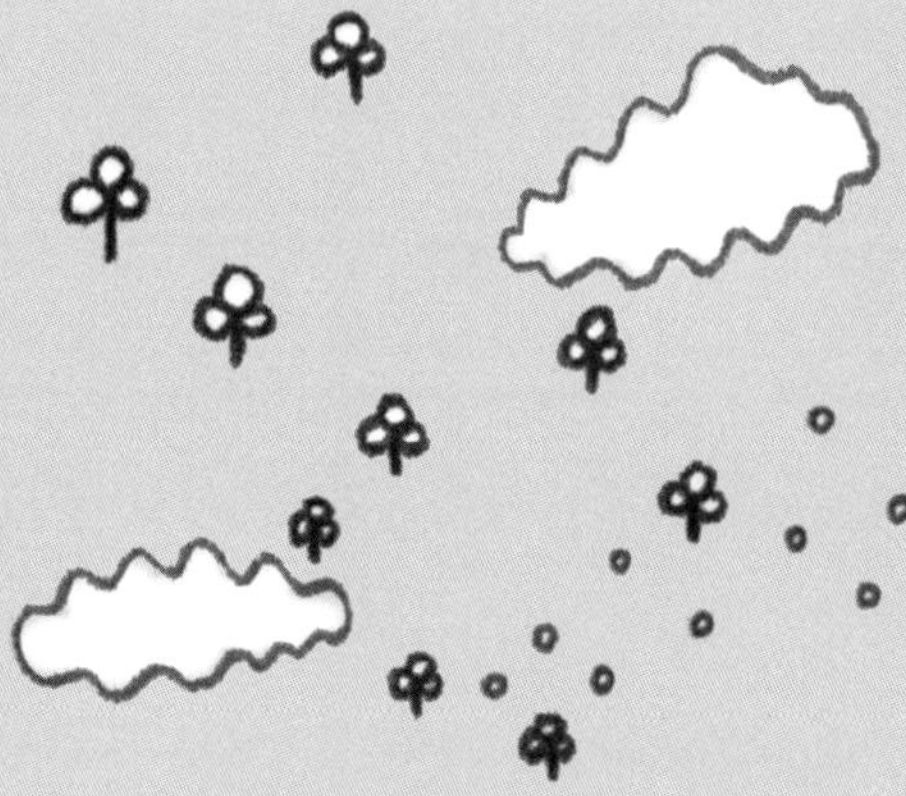

お母さんとの関係に十分満足しなければ、集団には交われない

このごろは「早くから集団に溶け込める子がいい子」と思いすぎている人が多いように感じられます。読者の方からの相談には、集団になじめないとか、みんなと同じように行動できないという悩みが、もっとも多いように感じられました。

確かに、仲間と楽しい時間を過ごすことはとてもたいせつなことです。わたしはよく「親がいなくても、幸せな人生を歩む人はたくさんいます。しかし、友だちがまったくいない子は、なかなかそうはなれません」と言うことがあります。実際、そうだと思うのです。どんなに勉強ができても、どんなにスポーツ万能でも、友人に認められなければ自分に自信がもてないし、自分を大事にすることもできません。人間関係とはそれほどたいせつなものなのです。

けれど、そのような「他者との関係」をつくるまえに、人は「親との関係」をしっかりつくっていく必要があるのです。それは2〜3才ごろまでに築くべきものだと、わたしは考えています。

3才ごろまでの子どもにとって、お母さんはとくにたいせつな存在です。泣いたらあやし、いつもそばにいてくれ、見守っていてくれる、その基本的な信頼感が人間関係の基礎をつくります。この土台がちゃんとできて初めて、子どもたちは幼稚園や保育園の先生を信頼し、そして同世代の子どもたちを信頼できるのです。

子どもの心の中に、グラスがひとつあるとイメージしてみるといいですね。そこにたっぷりお母さんの愛情が注ぎ込まれて、あふれてくれれば、その子はそのあふれたぶんを水筒に詰めて、お友だちと遊びにいけるんです。グラスの大きさは、子どもによっていろいろです。グラスがさほど大きくなければ、すぐにいっぱいになって満足できるかもしれません。でも、グラスがとても大きくて、もっともっとたくさんの時間、お母さんといっしょにいたいと願う子もいるでしょう。そういう子であれば、年齢に関係なく、お母さんとの時間を多くしてあげるといいと思います。グラスの中が愛情で満たされれば、友だちの中にすんなり入っていけるのです。

0～3才の子どもを保育園に預けて働くときには

子どもがお母さんのそばをすんなり離れられるのは、4才以降だとわたしは思います。幼稚園はもともと4才からの入園が当たり前でした。そのくらいから少しずつ、集団が楽しいと思えるからです。その年齢でも集団に興味がもてない、怖いと思うときには、「まだお母さんとの関係に十分満足できていないのだ」と思うといいのです。集団生活なんて今後いくらでも体験できるのですから、「いまは家で親子の時間を満喫するときなんだ」と考えてください。

お仕事をしているために、3才以下でもお子さんを保育園に預けているお母さんも、少なくないと思います。これからはそういうお母さんもどんどん増えていくことでしょう。お母さんが働くことを、わたしは少しも悪いとは思いません。母親が働いているせいで育児がうまくいかない、などということはありません。わたしの母だって、父といっしょに野良仕事に出て、朝から晩まで働いていました。それは少しもおかしいことではありません。

ただ、人に預けて働くということが昔とはちがうのです。子どもと接する時間が、必然的に短くなってしまいます。だからこそ「愛情の絶対的な量が不足してしまうのではないか」と不安を抱えながら、子どもに罪悪感を抱きながら、働く女性も少なくないのです。けれど、長時間いっしょにいればいいということではありません。いっしょにいる時間に、どうかかわるかという密度の問題なのです。短ければ短いほど、質が大事になってくるのです。

子どもは家でお母さんといっしょにいるとき、「ぼくのお母さんは、こういうお母さんなんだ」というイメージをつくります。そのイメージを保育園にちゃんと持っていって、それを支えに保育園での数時間を過ごすのです。優しい、温かいお母さんのイメージさえあれば、子どもはがんばれるのです。そして家に帰って眠るまで3時間くらいしかなくても、その時間にお母さんにたっぷり甘えて、優しくされて、よいイメージをつくってまた次の日も園に行くのです。それはけっして悪いことではありませんよ。

だから、子どもと過ごす時間が短いお母さんほど、この3時間なりを絶対に無駄にしてはいけません。「疲れているから休ませて」「掃除も洗濯もあるんだから」なんて言わずに、子どもとの時間を優先させてほしいのです。子どもの願いをかなえていただきたいのです。その点さえ満たされていれば、子どもは集団の中で過ごしていけるのです。

「もっとお母さんといい時間を過ごしたい」というサイン

朝、保育園で泣いて、お母さんから離れることができない子がいます。そういう子は、お母さんとの関係に満足できていないことが多いのです。そしてそういう子ほど、不思議なもので、お母さんがお迎えに来ても帰ろうとしないのです。

朝にお母さんと別れられず、あれだけ泣いたのだから、迎えに来たお母さんに飛びついていけばいいと思いますが、そうではないのです。お母さんに満足している子は、サッと園に入れるし、迎えに来ると飛びついていきますね。これは30年以上にわたって、保育園の保育士さんたちとの勉強会を続けてきて確かに言えることです。

お子さんがなかなかお母さんと離れられず、園からも帰ろうとしない場合には、「お母さんと過ごす時間」に満足できていないのだと、そう思ってみてください。そして、家庭でたっぷり甘えさせてあげましょう。お母さんとの関係に十分満足できれば、きっと集団生活の中での過ごし方も変わってくるものです。これは、幼児だけではありませんよ。小学生でも同じです。そのことだけはどうぞ忘れないでください。

消極的なのは、親の育て方が悪かったせい？

（2才男児の母）

2才9カ月の男の子の母親です。週3回の午前中のみ、幼稚園のプレスクールに親子で通って、1カ月になります。ほかの子たちは自由時間、それなりに伸び伸び遊んでいるのですが、息子だけ緊張のためか、周りの子を見ているばかりで、積極的になれません。仲良しの男の子は1人いるだけです。自宅ではいきいきしているし、先生が指導する一斉保育の時間は安心してわたしと踊るのですが……。

わたし自身、小さいころから臆病で、周囲に溶け込むのに時間がかかりました。息子にはそんな思いをさせたくないので、「世の中は怖いところじゃない」とわかってもらうため、ほかのお母さんとも積極的に、にこやかに話すよう心がけてきました。佐々木先生の著作も何冊も読み、できるだけ過保護にしてきたつもりです。でも、息子の様子を見ると、いままでの育児がまちがっていたのかと心配になります。過保護のつもりが、過干渉になっていたのでしょうか？

過保護とは「子どもが望むこと」をしてあげることです。この子の望みは集団で遊ぶことなのでしょうか？

まだ2才。集団で遊ぶのが苦手でもそんなことは当たり前です

まだ2才9カ月ですから、集団になじめなくても何も問題はありません。「ほかの子は普通に遊べる」とか「ほかの子は友だちをつくっている」なんて、そんなことを気にする必要などないのです。

もともと幼稚園は4才からの入園が一般的でした。集団に溶け込める年齢は、本来そのくらいなのです。それだって個人差があるものです。このお子さんはまったく正常ですし、何も心配はいりません。むしろ、心配しすぎているお母さんのほうが、わたしにはちょっぴり心配

なのです。

わたしはよく、「過保護」と「過干渉」という言葉を使います。子どもは保護されて育つものですから、過保護にされても悪いことなど何もありません。

保護するというのは、簡単に言うと、子どもが望むことを何でもしてあげることです。抱っこしてほしいなら抱っこする、遊んでほしいときには遊んであげる、甘えたいときには十分に甘えさせる……それが私の言う過保護です。物質的、金銭的に満たすことではなく（子どもは本来そんなものは望んでいません）、親の体と心と時間をできる限り子どものために割くということです。

過干渉は違います。子どもが望むことではなく、親が子どもに望むことをしすぎることです。子どもが望んでもいないことをさせすぎてしまうと、子どもは自分らしさを発揮することができにくくなります。

親というものは子どもに期待してしまうものですから、干渉をゼロにすることは難しいでしょう。でも、それをできるだけ少なくし、「こうなってほしい」ではなく、「子どもが望むような親」になるのがいいと、わたしは考えているのです。

早くから集団になじめたからといって、自立が早いわけではありません

この方は、「過保護のつもりが過干渉になっていたのか」と書いていますね。おっしゃるとおりだと感じました。「友だちの中で遊べる子になってほしい」「わたしのように、臆病な子になってほしくない」というのは、お母さんの願いです。それが少しふくらみすぎているのでしょう。

子どもの望みをかなえてあげてください。「〇〇ちゃんとだけ遊びたい」というのであれば、〇〇ちゃんとだけ遊ばせてあげればいい。お母さんといっしょにいたいというなら、喜んでいっしょにいてあげましょう。プレスクールに行きたくないなら、行かないで家にいればいい。そうやって、子どもがしたいことをさせてあげたほうが、結果的に子どもは早く自立します。「みんなのように遊んでおいで」と言うと、ますます遊べなくなります。

集団に早くから交われるからといって、自立度の高い子になるなんて、そんなことはありません。最近は「早くから集団に溶け込める子にしたい」と望む親御さんが多くなりました。でも、この時期にいちばんたいせつなのは、お母さんとの時間に十分満足することなのだ、と

いうことを忘れないでください。お母さんとの関係にうんと満足できれば、自分から、お母さんのそばを離れることができます。それを「まだかまだか」と待つのではなく、ゆっくりのんびり待つことが大事なのです。

わたしはかなり過保護な父親です。しかも家内も祖父母も過保護でしたから、わたしの息子は幼稚園に入ったときに何もできませんでした。一人では着がえもできず、幼稚園でも有名だったそうです。でも、それでいいんです。本当にいいんです。自分でしたくなれば、できるようになるのです。みんなができる様子を見ていれば、自分でもやってみたくなります。そのときがいつか、年中か年長か、小学生になってからなのかは、子どもが決めることです。親は待てばいいのです。

どうすればいいのかは育児書ではなく、わが子に教えてもらう

幼児期に集団に溶け込むのが苦手だからといって、小学生になっても中学生になっても苦手かというと、そんなことはありません。幼児期に親との関係に十分満足できれば、小学校、

中学校と進むにつれて順調になじんでいくものです。何も心配はいりません。心配なのは、心配しすぎているお母さんです。

わたしの本を読んでくださっているとのことですが、本当は読む必要なんてありません。こんなことをこの本で言うのもおかしいですが、育児書を読む時間があるなら、お子さんを見てください。お子さんの姿をたっぷり見て、この子は何をしてほしいのかに気づいてあげて、言うことを聞いてあげてください。それを十分やって、気が向いたときに佐々木の本をめくって「これでよかったんだわ」と思ってください。もしも「なるほど」と思うところがあれば、ちょっとだけ参考にしてください。ちょっとだけ、それで十分なのです。

幼稚園が怖くて行けなくなった

（小学生と年中女児の母）

4才の娘はこの4月、待ちに待った入園でした。姉の園生活を見ていたので、入園を楽しみにはりきって登園しました。しかし、お弁当が始まって2日目の朝、急に泣きだし、お迎えに行くと「お弁当も残し、おやつも吐いた」と、担任の先生に言われました。その日から娘の様子が変わりました。吐いても怒られるし、泣いても怒られるし、先生は怒ってばかりで幼稚園が楽しくないというのです。

その数日後の遠足でも「また泣いて吐いた」と聞かされました。それも担任の先生のズボンに。担任の先生は、わたしの前で、娘にそのことをもう一度謝らせました。わたしが謝っているのに、なぜ娘にもう一度？　帰宅後、娘は「泣くクセやめやー」と先生に背中をたたかれ、それが怖いと話してくれました。翌日、園長先生と話しましたが、園長は謝るばかり。その翌日から担任は休職し、その月末に退職しました。

でも、娘の状態は悪くなる一方で、毎朝、お弁当の用意をするたびに吐き気で泣くのです。毎日、朝から帰りまで娘のそばに付き添っていますが、やっと「ママがいっしょならお弁当も食べる」と言うようになり、笑顔も見せるようになりました。ただ、少しでもわたしが離れると涙ぐみ、わがままを言ったりぐずったり。もしかしてPTSDなのでしょうか？　病院に行ったほうがいいのでしょうか。

心の傷が小さなＰＴＳＤとして残ったのです。
つらい記憶を忘れるためには
友だちと楽しく遊ぶことがいちばんです

「忘れる」ことは、人間に与えられた最大の恩恵です

人間は誰しも、心の中に小さな傷をいくつもいくつももっているものです。でも、ほとんどの人は、無数にあるつらい記憶を忘れてしまうことができますよね。「忘れる」ということは、人間に与えられたすばらしい恩恵と言えると思います。

ただ、「忘れた」からといって、「記憶が消えた」わけではありません。忘れることと、それを体験しなかったこととでは、意味がまったく違うのです。『モモ』の作者で知られるドイツの作家ミヒャエル・エンデはこう言っています。「人は一生懸命勉強しても、その多くは忘れてし

まう。しかし、勉強をしなかったことと、それを忘れてしまうことは、まったく違うことなのだ」と。それは皆さんにも、なんとなくわかるでしょう？

同じように、つらい経験を「しなかった」ことと、つらい経験を「忘れる」ことも、似て非なるものなのです。人間は健康的に生きていけるよう、つらい記憶を「無意識」の奥に押し込めているのです。でも、消えたわけではない。だから、何かの体験があまりにもつらく苦しい場合には、うまく忘れることができず、折に触れて思い出して苦しむことになります。これをＰＴＳＤ（精神心理的な外傷を受けたあとのストレス障害）と呼びます。このお子さんの状態も、小さなＰＴＳＤと言えるでしょう。

苦しさは一人では乗り越えられない。でも、友だちがいればだいじょうぶ

「病院へ行ったほうがいいのでしょうか」とありますが、気になるのであれば児童精神科を受診されるといいでしょう。ただ、このお子さんの場合、その必要はないかもしれないと、わたしは思います。

子どもが「心に負った傷」を忘れるためには、友だちと楽しく遊ぶことがいちばんです。幼稚園で楽しい遊びをしてくれる友だちがいれば、つらい記憶を少しずつ忘れていくと思います。砂場でいっしょに山を作って、「こっちとこっちからトンネル掘ろうね」と掘り合って、山の真ん中で手をつないで笑い合う……、そんな遊びをいっしょにできる友だち。そういう「楽しさを共有する友だち」とのかかわりが、ＰＴＳＤにはいちばんの治療なのです。

幼稚園だけでなく、家でもお友だちを呼んであげるといいですね。もちろん、お母さんやお父さんがいっしょに遊んであげてもいいですよ。そのときには、「つきあってあげる」ではなく、心から楽しんで遊んであげることがたいせつです。トランプでも、公園遊びでも、親が心から楽しめる遊びをしてあげてください。

この方の場合、担任の先生は退職してしまったようですが、もしも残っているとすれば、お子さんを転園させる必要があると思います。いっしょにいるとＰＴＳＤは消えません。それに、この先生のやったことは教育者として非常に不適切です。園長が平謝りしたそうですが、もしもシラを切り通すようなことがあったとすれば、この園そのものが教育の場としても不適切だと言えるでしょう。

わが子のSOSを受け入れられる親でいてください

もしもお子さんがこの子のように「幼稚園がイヤだ」と言った場合、みなさんはどうしますか？　このお母さんはわが子の言葉をちゃんと聞いて対応したようですが、そうできない人もいると思います。「先生がそんなことをするはずがない」「そう言われるのはあなたがいけないからだ」と。

確かに、子どもが「先生にたたかれたから怖い」と言ったとしても、担任の先生は「あれは背中をさすっただけ」と言うかもしれませんよね。ひとつの事柄に対して、見方は人によってちがいます。受け止め方もそれぞれです。でも、親が重視すべきは、「怖い」と感じた子どもの心です。その部分をちゃんと受け入れてあげて、「そうか、怖かったのね。ママから先生にたたかないでくださいってお願いしようか？」と言ってあげてほしいのです。

もしも事実認識が明らかにまちがっているとしても、頭ごなしに否定はしないでください。「なぜそう思ったの？」と聞いてあげ、「でも、こうなんだよ」という部分は、ゆっくり時間をかけて納得させてあげてください。

親の仕事は、子どもの心を受け止めてあげること、子どものサポーターになることです。真実を明らかにする検察官になる必要はないのです。

一人遊びが好きなのは、小さいころに遊んであげなかったせい？

（年中男児の母）

5才の息子は、一人で遊ぶことが好きです。幼稚園の先生にも「いつも一人で遊ぶか、本を読んでいるんです」と言われました。仲間に入りたいときはちゃんと自分から「入れて」と言っているようですが、一人で遊ぶことのほうが多いようです。

家でも本を読んだり、車やおもちゃで遊んだりしていて、わたしと遊ぶことはほとんどありません。一人が好きなのは、もっと小さいころにわたしがちゃんと遊んであげなかったせいなのではないか……と、最近、とても気になるのです。

子どもと遊ぶのが苦手なお母さんほど家に他人を入れたほうがいいですね。子どもは本来、誰かと遊ぶことが大好きなのです

一人で遊べる条件が整いすぎているのが現代の家庭の特徴です

現代の家庭は、子どもが一人で遊べる環境が整っている、と言えるかもしれませんね。昔のように兄弟姉妹がたくさんいて、その友だちまで家にやってきてワイワイ遊ぶ……というようなことは、もはやありえません。きょうだいがいてもせいぜい一人か二人ですから、家庭内の人間関係が決まったパターンになりがちです。

しかも、テレビやゲーム、ビデオ、おもちゃなどが家庭に充実していますね。一人でも飽きずに十分遊べることでしょう。逆に、外には子どもが自由に遊べる場所がありません。友だち

とかかわる時間も、自然と制限されてきます。

そして、親自身もまた、家庭内に他者を入れない傾向があります。週末を常に「家族だけ」で過ごす人も少なくないようです。

「一人より友だちといっしょがいい」と思える場面をつくってあげたいものです

しかし、子ども時代に「友だちと遊んで楽しかった」という経験は、人間が健全に育っていくうえで絶対に必要なことです。なぜかというと、「子どもを育てる」ということは、「年齢にふさわしい社会性を身につけさせていく」という行為だからです。

では、年齢にふさわしい社会性を教えてくれるのは誰でしょう。親も幼稚園の先生も少しは教えられるかもしれない。でも、同世代の子どもたちにはかないません。「友だちの意見は自分の意見とはちがう」「自分に期待されている役割はこれだ」というようなことを、子どもは友だちと遊ぶことで学びます。友だちの能力や性格を観察しながら自分を振り返り、その中で子どもは社会性を身につけていくのです。

このお子さんはおそらく、「友だちと遊ぶことが楽しい」と実感した経験が乏しいのかもしれませんね。「一人より、○○ちゃんといっしょのほうが、ずっと楽しい！」と思えるためには、そんな楽しい遊びを繰り返し体験しなくてはいけません。

体験がないのであれば、親がそんな場面をたくさん用意してあげる必要があります。「集団遊びは幼稚園で体験しているから」と思っているかもしれませんが、園は家庭の延長ではありません。家庭でも「育ち合う」場面が必要なのです。

たとえば2〜3家庭で誘い合って、動物園や遊園地へ遊びに行くのはどうでしょう。「そういうおつきあいは苦手」と感じるのであれば、あなた自身のきょうだいやいとこなどの親戚家族を誘ってもいいですね。

家を子どもの友だちに開放してあげるという方法もあります。わたしの場合、自分の子どもが小さいころは、わが家の子ども部屋を近所の子どもたちに開放していました。「出入り自由」なので、子ども部屋には常時必ず数人の子どもがいるという状態です。いろいろな子が、うちの子たちと遊んでくれました。

このお母さんは、「小さいころに自分がちゃんと遊んであげなかった」と気にされているようですね。おそらく、お母さん自身が子どもと遊ぶのが苦手な方なのでしょう。だったらなおのこと、他者の力を借りましょう。家に人を呼んだり、誰かと出かけたり。その中で子どもの社会性をはぐくんであげればいいのです。

子どもは、友だちと遊ぶのが好きです。「どちらかといえば一人で遊ぶことが多い」という子でも、「いつだって一人のほうがいい」と思うはずはないんです。人は、必ず人といっしょにいたい生き物なんですから。

子どもから「遊んで」のアプローチがない場合は、少し注意して

最後に、気になるケースについても少しお話ししたいと思います。

本来、「親子の遊び」というものは、子どもからのアプローチで始まることが多いのです。「ママ、これ見て」「○○しよう！」と、それに親が引っぱり込まれるものなんですね。でも、自閉の傾向がある子には、それがありません。知能に遅れが見られない子どもの場合は、発達障害が関係していることに気がつきにくいのです。

以前わたしが診察した自閉スペクトラム症のお子さんも、「遊んで」と親にアプローチする

ことがなかったといいます。親御さんは「最初の子だったから、子どもってそういうものかと思っていました」と言っていました。

もしもお子さんの行動に、目が合わない、話を聞けないなどの気になる様子があれば、一度、児童相談所などで相談してみてもいいかと思います。

幼稚園で話せなくなってしまう娘

（年長と3才女児の母）

幼稚園の年長の娘は、昔から、あいさつもできないほどの恥ずかしがりやです。とくに幼稚園では、先生やお友だちともほとんど話せません。

とはいえ、歌やお遊戯《ゆうぎ》などは大きな声でしっかりやっているし、家にお友だちを呼んだりお友だちの家に行ったりしたときには、大きな声で叫んだりして楽しそうです。お友だちにも「どうして幼稚園ではしゃべらないの？」と不思議がられるくらいです。

また、依存心が強いことが気にかかります。母親への依存はもちろん、園でもお友だちについてまわっていて、親としては歯がゆいばかりです。過保護にしているつもりはないのですが、このまま見守るべきか真剣に悩んでいます。

緘《かん》黙《もく》の子には感受性の鋭い子が多いのです。だから親の期待を察知してしまいます。大事なことは十分甘えさせてあげること

場面緘黙、あるいは選択性緘黙と呼ばれる症状だと思われます

これは「場面緘黙」、あるいは「選択性緘黙」といわれる症状です。

緘黙症とは「言語や知能に問題がないのにもかかわらず、話すことができない」というもので、ある場面では話せるのに、別の場面では話せなくなる状態を「場面緘黙」「選択性緘黙」と呼びます。文面を読む限り、このお嬢さんは場面緘黙の中でも、かなり軽いほうだと思われます。

では、どうすればこの状態から抜け出すことができるのか……ということですが、お母さん

にとっては厳しいお話になるかもしれませんが、ぜひ聞いていただきたいと思います。

わたしはこれまでに何千人という場面緘黙の子を診てきました。この子たちはすべて、外で話すことができず、家庭では話すことができるのです。そうすると「家庭では安心できるから話せるのだ」と思いますね？　でも、実はそうではないのです。家庭で十分安心できていない子ほど、外で話せなくなるのです。「え!?」と思うかもしれませんが、これまで見てきた子のほぼすべてがそうだったのです。

甘やかされた経験の少ない子ほど依存型の子になりがち

お手紙には「母への依存心」が強いと書いていますね。「依存が強い」というと、人は「甘やかしているから」「過保護だから」と思いがちですが、実は依存の強い子というのは、依存経験が足りていない子に多い傾向なのです。

人は依存と反抗を繰り返しながら自立します。だから、お母さんへの依存や反抗が十分足りている子ほど早く自立するのです。けれど、十分に甘えられていない子は、いつまでたっても依存したままです。

園でお友だちのあとをくっついて歩くというのも、こういう子にありがちな傾向です。自主的な判断をすることができないので、人について歩いてしまうのです。「歌やお遊戯ならできる」というのも、パターンが決まっているから不安なくできるのです。逆に「会話」は思ったことを口に出すことですから、パターンなんてありませんね。だから不安になり、話せなくなるのです。

このお子さんもそうだと思いますが、能力が高く、感受性の鋭い子に緘黙は多いようです。勉強もよくできる子が多いですね。賢い子だからこそ、親が自分に何を望んでいるのかわかってしまう。だからこそ甘えられず、不安の中で自分を追い込んでしまうのですね。

お母さんはきっと、育児を一生懸命していらっしゃるんだと思いますよ。子どもの緘黙でわたしの病院にいらっしゃった親御さんにも、そういう方が多いのです。

だからこそ、わたしはあえてこういう話をさせていただくのです。「しっかり育児しよう」とするお母さんほど、「甘やかしてはいけない」「人に迷惑をかけない子にしなくてはいけない」と、子どもに厳しくなる傾向を感じるからです。

あえて言います。親が変わることでしか子どもの緘黙は治せない

育児は難しい、とおっしゃる人は多いですが、そんなことはありません。子どもに「ああしてほしい」「こうしてほしい」と願うことを、なるべく少なくすればいいだけのことなのです。子どもの欲求のあとをついて歩くように育児することです。

「わが子がどんな親を望んでいるか」ということに対して感受性が強い人、そしてできるだけそれに近づこうとしている人は、簡単そうに育児をしますし、子どももリラックスしています。親は保護者です。教育者ではないのです。

そして、お母さん自身、心を許せる人とのゆったりした時間をもたれるといいですね。

たとえば子どもをどなたかに預けて、ご主人とどこかにお出かけしてもいいと思います。好きなコンサートに出かけたり、おいしい食事をしたり。そして子どものかわいいところ、楽しかったできごとを話してください。もちろん、子どもとは別の共通の楽しみの話もいいですね。

ご主人と「喜び」を共有する時間が長ければ長いほど、子どもに対する気持ちがリラック

スしていくものなのです。子どもの甘えを受け入れる余裕が生まれます。ぜひ試してみてください。

親が変わることでしか、緘黙はよくならないのです。逆に言えば、親が変わればよくなります。たいていは半年ほどで話せるようになるはずです。お母さんの前でリラックスできるように、どうぞ十分甘やかしてあげてください。

「学童に行きたくない」と言うのは、なぜ?

（小1女児の母）

この4月に小学校に入学しましたが、夫婦共働きのため、放課後は学童クラブで過ごしています。でも、5月ごろから「まっすぐ家に帰りたい」「学童には行きたくない」「ママ、仕事辞めて」と大泣きするようになりました。朝から放課後のことを考えて泣くこともあります。仕事を早めに上がったり、祖母に協力してもらって2週間ほど学童を休ませたら、「明日から学童に行こうかな」と言いだしたため、行かせました。

2日ほどスムーズに行きましたが、3日目の朝になって、今度は「学校に行きたくない」と泣きました。学童に行くときも、泣きながらだったそうです。家では「なぜママは仕事してるの?」「なぜわたしは学童なの?」と質問攻めです。正直、ずっと続けている仕事ですから、辞めたくはありません。そんなわたしは、母親失格でしょうか。

保育園と学童クラブは違います。小学生になったら、家庭でのやすらぎがさらに重要になるのです

入学したとたん、集団生活になじめなくなる子どもは少なくない

保育園には楽しそうに通っていた子が、小学1年生になって「学校がイヤ」「学童がイヤ」と言い始めるケースは、けっして少なくありません。保育園では笑顔で親と離れられていたのに、入学したとたん、親から離れられなくなってしまうのです。学校や学童でいじめられているのかと思って調べても何の問題もない、という場合がほとんどです。

その原因は、学校（学童）と保育園とのちがいにあります。

保育園には、「家庭のかわりに子どもが生活する場」という側面があります。「学びの場」

ではなく、「生活の場」なのですね。

「生活の場」において、兄弟姉妹の数にかかわらず、親と子は一対一のかかわりがありますね。保育士さんたちも、家庭的なくつろぎをつくり出すために、意識的に一人一人とかかわる努力をしています。一人の子に一人の保育士がしっかりかかわる時間をもつようにしているものなのです。

しかし、学校は違います。一人の先生が集団に勉強を教える「一対多」のかかわりです。学びの場ですから、「家庭的」「くつろぎ」の空間ではありません。

学童クラブはどうかというと、ここも家庭のかかわりにはなりません。もちろん、そうあろうと努力している職員の方もいらっしゃいますが、子どもの数は多く、職員は少ない。保育園のようなかかわりを望むことは、現実には難しいでしょう。

短い時間でもいいのです。食事、おふろ、就寝で十分なかかわりを

そういう意味で、入学後、家庭はこれまで以上に「家庭らしさ」が望まれるのだと思って

いただきたいのです。「家庭らしさ」というのは、一対一の愛着関係のことです。

仕事で忙しいお母さん方は、「わたしが働いているから、子どもに十分な時間をかけられない。だから寂しい思いをさせている」と言いますね。でも、それはちがいます。短くてもいいのです。その短い時間の中で、ちゃんと子どもに向き合ってあげられれば、何も問題はありません。

大事にしていただきたいのは、食事のとき、おふろのとき、そして眠るときです。この3つの場面で子どもと十分かかわれば、それで足りてしまうのです。

食事のときは、「おいしいね」と言いながら、お子さんの好物をいっしょに食べられたらいいですね。「あなたが好きな○○を作ったよ」と、それだけで子どもはうれしいものです。おふろの時間は、スキンシップの時間と割り切って、多少時間をかけていっしょに入りましょう。その役割は、お父さんでもかまいません。水遊びをしたり、湯ぶねでゲームをしたり。体なんて、多少雑に洗ってもいいんです。楽しむことがいちばん大事です。

そして、寝つくまでそばにいてあげてください。子どもって、眠ることが好きではない子が多いものです。大人は好きですけどね（笑）。子どもにとって眠ることは不安だし、怖いし、寂しいし、つまらない。そんなとき、親がそばにいてくれたら、どれだけ安心できることでしょう。忙しくて全然時間がとれないなら、寝つくときだけでもそばにいてあげるといいですね。

それだけで子どもは、「家庭がくつろぎの場」と思えるのです。

それ以外の面は、多少手抜きでいいんです。家庭で十分くつろげれば、子どもは外でがんばれるんです。お母さんが働いていることも、受け入れることができるのです。

「仕事で疲れているんだから」という言葉を子どもに言ってはいけません

働きながらお子さんを育てることは、とても大変なことでしょう。「ごはんを作って、おふろを沸かして、洗濯までしているんだから、もうこれで精一杯」と、そう思うこともあるでしょう。「仕事をして疲れているのに、そんなこと言わないで、自分でやりなさい！」と言いたくなることもあるでしょう。でも、それを子どもに言ってはいけませんよ。お母さんも、お父さんも、言ってはいけません。

厳しいことを言いますが、仕事で疲れているのは親の勝手なのです。子どもは、「仕事で忙しい親」の子どもに生まれたいと願って生まれてきたわけではありません。

子どもに気をつかってもらって喜ぶのではなく、子どもの希望にこたえられる親であることに幸福を感じていただきたい。こんなに短い時間でも、子どもを喜ばせてあげられたと、そこに幸せを感じていただきたい。

子どもが安心してぐっすり眠った顔を見たら、きっと疲れた心も体も癒やされて、明日からも仕事をがんばれるのではないかと、わたしはそう思います。

友だちができない、思ったことが言えない

（小1男児の母）

小学1年生の長男は、自分を表に出せない子です。保育園時代も先生から「気をつけていないと、1日何も話さずに終わってしまう」「保育士同士の会話にじっと耳を傾けて聞いているし、顔色もうかがっている。伸びやかさがない」と言われたこともあり、すべて思い当たりました。

案の定、小学校でもなかなか友だちができません。学校の個人面談で担任の先生にも、「おとなしいです。大きな声で騒いだり、大声で笑ったりすることもない。休日にどこかへ行ったとか、わたしに話すこともありません」と言われました。学校であったことはほとんど話さず、聞けば嫌がります。大人の心を読んでいるので、わたしに心配をかけたり、自分の弱みを見せたりすまいとしているのかも。

周囲の子はみんな、子どもらしく泣いたり笑ったり、騒いだり、伸び伸びしているのに、自分の思いを口や態度に出せないなんて、絶対に損する人生だと思うのです。

なにか、人より優れている部分があれば自信もつくと思うのですが、いまのところ、それもありません。このままの息子を「きみはそのままでいいんだよ」と受け入れてあげればいいのでしょうか？

どんなに不安であろうとも「きみはそのままでいいんだよ」という親の姿勢を崩してはいけませんよ

友だちはいつかできる。その日をゆったり待つという覚悟を決めて

結論から申します。相談文に書いてあるとおり、「きみはそのままでいいんだよ」と受け入れ続けてあげてください。

そう思うことが難しい子であればあるほど、「このままでいいんだよ」という親の姿勢がとてもたいせつになるのです。

育児の喜びは、待つ喜びです。しかし、待つことはとても難しい。「こうすればいい」「ああすればいい」と、助言したり干渉したりするほうが、親は楽なのです。でも、あれこれ言えば

言うほど子どもは萎縮《いしゅく》します。自信を失います。不登校になってしまう子の多くは、過干渉の中で育っているケースが多いのです。

友だちをつくることを焦ってはいけません。この子はまだ、その段階に至る準備ができていないと、わたしは思います。

人間が人間を信頼して、心のうちを話せるようになるためには、まず「母親を信頼して話せる」という段階を踏まなくてはなりません。親に安心してものが言えるようになって初めて、友だちにも安心してものが言えるようになるのです。

大事なことは「安心して」という部分です。安心して話すためには、相手を信頼しなくてはなりません。

無邪気に相手を信頼できる子もたくさんいるかもしれませんが、そうでない子もいます。人に対して安心できない子です。

そういう子であるならば、親はほかの子の何倍もの時間をかけて、まずは親自身に対する安心感と信頼感を培っていく必要があるのです。その前提となるのが、「きみはそのままでいいんだよ」という一貫した親の姿勢です。

家庭では、お子さんの希望をできるだけかなえてあげるといいですね

このお子さんは、希望や欲求をあまり言わずにがまんしてしまう子のようですから、家庭では、お子さんの希望を可能な限りかなえてあげることから始めてはいかがでしょう。

いちばん簡単にできることは、「今日の夕飯は何が食べたいか」を主張させてあげることです。ハンバーグならハンバーグ、唐揚げなら唐揚げ、何でも作ってあげましょう。毎日だっていいんですよ。子どもが知っている献立には限りがあるかもしれませんから、お料理の本をいっしょに見て、食べたいメニューを選ばせてもいいですね。

食事の希望を聞くことは、あまり欲求を出さない子にはいい方法なんです。希望がはっきりしやすいうえに、食べればおいしい。しかも、1日最低でも2回は願いをかなえてあげることができます。いっしょに買い物をしたり、いっしょに作ることができれば、ますます会話が増えるでしょう。「栄養バランスが悪くなる」なんて気にする必要はありません。十分願いがかなえば、そのうち親の望む献立も喜んで食べるでしょうから。

親以外の人とコミュニケーションをとる体験をさせたいと思うのであれば、親しくしている親戚の中で生活させるのがいいと思います。

気心の知れたおじさんやおばさんがいるのであれば、夏休みなどを利用して長期間泊まりに行かせるといいですよ。いとこがいると、なおさらいい。親は連れていくだけで、子どもだけが泊まってくるのです。できれば2週間以上。

おじさんやおばさんは親ではありませんから、しつけようとはしません。うるさく干渉しません。かわいがってもくれるでしょう。そんな中で、親以外の人とのコミュニケーションを練習してみるのがいいと思います。

先生からのアドバイスは聞き流したってかまわないんです

このお母さんは、学校の先生にも保育園の先生にもいろいろ言われて、必要以上に不安にさせられてしまったようですね。でも、わが子をいちばん理解しているのは親ですよ。先生の言葉をあまり神経質にとらえる必要はありません。面談の場では「はい、そうですか」と聞き、あとは忘れちゃってもいいんですよ（笑）。

また、「人より優れている部分があれば自信がついて、友だちとも交われるようになるかもしれない」と考えているようですが、それはまちがいです。自信というのは、仲間に承認されて、一目置かれて初めてつくものです。ひとりぼっちで何かできるようになったとしても、それは「自信」にはならないのです。

まずは親子の信頼関係を強くすること。親に対して希望を素直に言えるようになること。そして親戚の人と話せるようになり、それから先生、友人と話せるようになる。自信をつけるのは、そのあとのことです。焦らず、長所については2倍言い、欠点についてはなるべく言わないでいてあげましょう。あとはゆったり「待つ」ことです。

落ち着きがなく忘れ物も多いのですが……

（小1と3才と1才男児の母）

小1の長男は入学してからこれまで、学校によく忘れ物をしてきます。家ではわたしがチェックするのでだいじょうぶなのですが、提出物を出さずに帰ってきたり、給食当番のあと給食服を持って帰らなかったりします。

「まだ入学したばかりだし」と思うのですが、担任の先生はそう思ってはくださらないようで、連絡ノートに「困ったことです。ほかのお子さんはみんなできています」と書かれたり、電話で「給食服を忘れるのは家庭のしつけの問題です。学校でも落ち着きがなく、家庭での指導をお願いします」と言われたりしました。

参観日に息子の様子を見ると、確かに落ち着きがなく、授業中にえんぴつや消しゴムで遊んだりしています（立ち歩いたり、ほかの子に迷惑をかけることはありませんが）。どうすればいいのでしょうか。

集中できない子、忘れ物の多い子は「好きなこと」に熱中する力がある。得意なことを見つけ伸ばしてあげましょう

落ち着きのなさや忘れ物は「しつけ」とはまったく無関係です

まず言わせていただくと、忘れ物や落ち着きのなさと「しつけ」とはまったく関係がありません。この相談を読んだ印象では、もしかしたら多少ＡＤＨＤ（注意欠陥多動性障害）の傾向のある子かもしれないと感じます。とはいえ、「障害があるの？」と心配する必要はありません。その傾向があるとしても軽いものでしょうし、年齢が上がるにつれて軽減していくものです。

こういうタイプの子はたくさんいますよ。かくいうわたし自身、子どものころにはＡＤＨＤ

の傾向があったと思います。チンドン屋さんや金魚屋さんが来ると、よくあとをついていって迷子になっていたそうです。だからわたしの母は、チンドン屋さんの音がすると必ずわたしの手を握っていたと言います。

ＡＤＨＤという診断に当てはまるか当てはまらないかではなく、そういう傾向のある子なのだと親が知っておくことが大事なのです。こういう子は「気が散りやすい」「集中できない」と言われますが、それは単に「大人が集中してほしいと思っていることに集中していない」というだけのことです。何か好きなことがあると、すばらしい集中力を見せますよ。わたしだって、チンドン屋さんだけに集中して周囲が見えなかったから、迷子になったんですからね（笑）。こういう「我を忘れて夢中になれる」という力は、教えて学べるものではない、すばらしい才能なのです。

弱い部分を補強するのではなく、得意な部分を伸ばすという発想

わたし自身、周囲の期待するようなものに集中できる子ではありませんでしたが、動物が

好きで、生き物が好きで、時間を忘れて夢中になりました。それがいまの仕事に結びついていると思いますし、その分野では人より多少優れていたと感じます。

こういうタイプの子には、必ず人より優れている部分があるものです。そこを上手に伸ばしてあげると、ほかの人よりグンとできるようになります。得意と不得意のバランスは悪いかもしれませんが、ほかの弱い部分のことなど帳消しになってしまうほど伸ばしてあげればいいのです。

一方で、「みんなができることを、同じようにできるようになりなさい」と望まれることは、けっして幸福なことではありません。「甘やかしてはいけない」などという古いしつけで、「周囲と同じにできる子」にしようとすると、子どもの人格を否定することになります。

ご家庭では、「できていない」ことについて、厳しくしかりすぎないことです。少ない言葉で、手短に、穏やかに話しかけるといいですね。「こうしちゃダメ」というのではなく、「こうするのがいい」と具体的に教え、できるまで手伝ってあげてください。言ってすぐに動かないからといって怒るようでは、この子のいい部分は伸びません。

何度も言うのです。穏やかに言うのです。ゆっくり待ってもらう時間が、この子には必要なのです。

学校の先生にも協力していただけるようお願いしてみましょう

実は、わたしの子どもの中にも、こういうタイプの子がいました。わたしは小学校の先生に「全体の活動をひどく妨害するようなことがあればおっしゃってください。でもジャマにならない範囲で、みんなのようにできないという程度であれば、そこに大きな関心をはらっていただく必要はありません。それがうまくいかないからといって、学校や先生の責任とは思いませんから」と先生にお願いしました。先生はわかってくださいましてね、とてもいいかたちで協力していただきました。

こういう子の教え方には多少のコツがあります。「皆さん」と全体に向かって何かを言っているときには聞こえませんが、「○○くん」と名指しで言われると聞くことができるようです。あと、後ろの席ではなく、先生のなため前あたりの席にすわるといいようです。真正面よりもななめ前がいいようです。そうやって、先生の目や配慮が行き届くような環境をつくっていただけるようお願いしたいですね。

念のために申し上げておきますが、ＡＤＨＤなどの発達障害は、「発達の遅れ」や「心の病」などではありません。発達の様相の違いです。さまざまな発達の領域に凹凸があるのです。遅れていることも、遅れていないことも、さらにすぐれていることもあるのです。家内がよく私のことを「人間って何かひとつ取りえがあれば生きていけるものですね」と言うのですが、まったくそのとおりです。

お子さんはどんなものが好きなのでしょうか。それを見つけてあげ、よさを引き出してあげてください。傷つけず、できないところは手伝ってあげてください。必ずいい子に育ちますよ。

ひっこみじあんの息子が心配です

（小2男児の母）

小2の長男は人の気持ちに敏感で、他人に対して構えてしまうためか、友だちをつくるのにエネルギーのいる子です。わたしも以前はなにかと口出しして、助言のつもりが責めるようなことばかり言ったこともありました。でも、「家の中が平穏なのがいちばん」と思うようになり、「今日は何かあったかな」と思っても、聞いてしまうとわたしのほうが不安になってしまうので、聞かないようにしています。

また息子は、家の外にいるときは「何かを決める」ということができません。図書館で本を選ぶのも、誕生日のプレゼントを選ぶのも、いつもつらそうで、わたしが決めることも少なくありません。たまに息子が欲しいものを言うと、「これをかなえてやれないと、次からまた願いを言えなくなるのでは」と思い、主人もわたしも必死で願いをかなえています。

人に対して構えすぎるのは現代人に特徴的な傾向です。まずは親が、家庭の中でリラックスできたらいいですね

あいさつのできない学生が大学にだってたくさんいます

人の気持ちに敏感になりすぎて構えてしまうというのは、多かれ少なかれ、現代の子どもや若者に共通していることだと思います。わたしの学校にも、あいさつのできない学生がたくさんいますよ。人に対して構えすぎて「おはようございます」さえ言えないのです。ところが、わたしのほうから「おはよう」と言うと、ホッとしたような笑顔で「おはようございます」と返してくれます。それだけ人に対して不安が強い、軽い気持ちで言葉を交わすことができないということです。

本来、「人間は怖くないんですよ」「善意で生きている人が多いんですよ」という部分は、家庭の中で自然に学んでいくべきことです。それは、まずお母さんに対してリラックスできること、安心できることから始まります。そこがしっかり固まっていないことには、他人に対してリラックスすることはできないのです。

では、どうすれば子どもがお母さんに対してリラックスできるかというと、それはお母さんがリラックスしていなくてはいけないんです。ご主人といるとホッとするとか、自分の親とは何でも話せるとか、少しおしゃべりするだけで安心できる友人がいるとか、そういう人間関係をもたなくてはいけません。

家事や育児も忙しいでしょうけれど、喫茶店でコーヒーを飲みながら話すとか、夕食を外で食べるとか、映画に行くとか、ご夫婦や友人とそんな時間をもつことも大事でしょう。

親があまり気を使いすぎないことです。選べないときは選択肢を示してあげて

その一方で、わが子にはどう対応してあげるかということですが、このお母さんの姿勢はと

てもいいと思いますよ。子どもを問い詰めない、気になってもなるべく触れない、見守ってあげる……どれも、こういう子に必要な親の姿勢だと思います。

ただ、お母さんもお父さんも、神経質になりすぎているようにも感じます。息子さんが、たまに自分から何かをお願いしたからといって、お母さんが「願いをかなえてあげないとまた言えなくなるかもしれない」と、不安を大きくする必要はありません。「この値段なら買えるけれど、それ以上はダメ」など、普通のルールに従って返事をすればいいのです。

「選ぶ・決める」を練習するいい方法があります。図書館で本を選ぶときなどは、「あなたの好きそうな本を3つ見つけてきたわ。この中から1つ選んでごらん」というように、少ない中から選ばせてあげるといいのです。それに慣れると、自由に選べるようになると思います。

食事の献立を子どもに決めさせるのもいいですね。毎回決めさせるということではなく、「これが食べたいの？　じゃ、今度作ってあげるね」と、そういう姿勢でいてあげればいいのです。

短期間で解決する問題ではありません。気長に向き合っていきましょう

こういうタイプの子には、とにかく気長に接することが大事です。短期間に成果を上げようなんて思わなくていいですよ。ゆっくりでいいんです。

お母さんが「焦らず、この子を見守っていこう」「この子にはこの子のペースがあるんだ」という思いを何年も持続していけば、きっと事態は好転していくはずです。そして子どもは、事態が好転していく兆しがあれば、希望をもって育つことができるのです。

このお母さんは自分という人間をよく知っている、頭のいい方だと思いますよ。だからこそ、考えすぎて不安に陥っているのですね。

この悩み相談に手紙をくださったことも、とてもいいことだと思います。ほかにも、育児支援センターなどに問い合わせると、悩みや不安の相談に応じてくれる場所や育児サークルなどを紹介してくれるはずです。インターネットで調べてみたりしながら、お母さん自身がリラックスして、他者との交流を深めていただければと思います。

忘れ物が多く片付けられない長女を厳しくしかってしまう

（小3と小1と2才女児の母）

3人姉妹の母ですが、目下の悩みは小3の長女のことです。長女は小さいときから「マイペース」と言われていましたが、現在も宿題をしなかったり、忘れ物もしょっちゅうです。学校でも片付けが下手で、机の中におたより類もため込んでいるようです。

次女が几帳面で何事もきちんとやる子なので、長女のことがよけい気になってしかってしまいます。比較してはいけないとわかっているのですが……。

夫は「忘れ物などがないように、毎日、親がチェックしなきゃだめだ」と言うのですが、「ちゃんとやらないと忘れ物をして、自分が困るのだ」という経験も必要ではないかと思うのです。

手のかかる子には十分手をかけましょう。母親に助けられて育った子は他人を信じ、他人をたいせつにできる子に育ちます

できないなら手伝ってあげる。いつか必ずできるようになるから

忘れ物が多い、片付けが下手、いろいろなことが遅い……。

このお子さんは、育てがいのある子です。こういう子の親は、「この子をちゃんと育てられるのは自分だけ」という〝静かな誇り〟をもって育てていただきたいと思います。

そうすればこの子はきっと、人を信じられ、人をたいせつにできる強さをもった、優しい人になると思います。要領のいい子に比べたら、けっして楽な育児ではありません。けれどそれこそが、生きがいをもってできる〝優れた育児〟だと、わたしは思います。

具体的にどうすればいいかといいますと、親が必要な場面で手を貸してあげるのです。忘れ物がないか、宿題は何か、毎日見てあげるんです。片付けられないのであれば、親がいっしょに片付けます。学校の机にいろいろ詰め込んでいるなら、「これに全部入れておいで」と袋を渡し、家でいっしょにチェックしましょう。「このプリントは、もっと早く出してほしかったなぁ」と。しかってもいいですよ。でも、自尊心を傷つけたり、怒りをぶつけるようなしかり方はいけません。怒らずに、ていねいに、教えながら。自分で思い出せるように、思い出せたことを喜べるように。そして親の手伝いに善意が感じられるように。どうぞ、そんなふうに子どもを導いてください。

　そうやって育てられたからといって、いつまでも人に頼り続けることはありません。必ずいつか、自分でやるようになります。

子どもの「できること」は年齢では決まらない。上の子にいちばん手をかけてあげましょう

この方には、まだ小さな下のお子さんがいますから、時間的な余裕もないのでしょう。だか

らこそ、「自分の力でやってほしい」「手をかけさせないでほしい」と思ってしまうのかもしれませんね。

でも、小学校卒業くらいまでは個人差が大きいものです。「この年齢だから、このくらいのことはできるはず」という理屈は通用しません。わたしにも3人息子がいますが、経験から申し上げますと、3人はいつも同じレベルで手がかかりました。いえ、家内はいちばん上の子にもっとも手をかけていたと思います。

親だって、上の子の世話は要領が悪いものですよ。この方も、2才児のめんどうを見るのは3回目でベテランでしょうけれど、小学3年生のめんどうを見るのは初めてのはずです。親子ともに不慣れですから、手間がかかって当たり前なんですよ。

それに、「お母さんは自分を大事にしてくれる」という自信がもてると、上の子は下の子に優しくなります。「わたしは最後でいいよ。妹を先にしてあげて」なんて言ってね。自分に自信がない人間は、他人に優しくなんてできません。

にもかかわらず、いまの日本の家庭教育は、子どもに自信を与えられなくなっています。とても残念ですけれどね。

過剰な期待は子どもを萎縮させ、自信をなくさせてしまいます

その原因は、親が子どもにたくさんの期待をかけすぎていることにあると思います。過剰期待といいますが、子どもに期待をかけることが、親の愛情だとはきちがえているのです。「子どものために、○○できるようにさせてあげなくちゃ」と。

しかし、子どもは過剰期待を愛情だと感じることなんてできません。過剰期待を「自分への否定」ととらえるのです。いまの自分ではダメなんだ。愛してもらえないのだ、と。

人は、自分の弱いところを責められると、どんどん萎縮《いしゅく》します。逆に、「それでもだいじょうぶ。助けてあげるからね」と言ってもらえると、安心します。穏やかな気持ちになれます。そして、そう言ってくれた相手を信じるようになるでしょう。それが母親の役割です。

母親への信頼感は、すべての原点です。他者への信頼感も、自分への信頼感も、母親を信じることからスタートするのです。そしてそれは、自分の弱点を克服しようとする力になります。そして、自分の本当にいいところを発見する力にもなります。それこそが、〝優れた子育て〟

だと、わたしは思っています。

わたしに孫でもできたなら、手のかかる子がいいですね。「おじいちゃんが見てやろう」なんて言って、コツコツ手伝ってあげたいなぁ。きっとそれが生きがいになると思います。

コラム3 しつけって何だろう?

しつけは何才から始めたらいいですか? 赤ちゃんをしかる必要はありますか?

母親と喜びを共有した経験が他者を思いやる気持ちの源

親は子どもを何のためにしつけるのでしょうか。「社会のルールを守れるようになるため」「自分で自分を律する力を養うため」、そして「他者を思いやる心をはぐくむため」、ではありませんか?

であるならば子どもをしかったり、言葉で言い聞かせたりするよりも、もっとたいせつなことがありますよ。それは、赤ちゃんのころに、そのような気持ちを育てていくことです。

他者を思いやる気持ち、相手の痛みをわかる気持ちは「共感する力」といわれますが、この気持ちは生後半年くらいまでに育つといわれています。こんなに早い時期に育つのですよ。

生後1〜2カ月くらいになると、赤ちゃんは授乳中などにお母さんの目を見てにっこり笑います。これはお母さんの笑顔にほほ笑みを返しているのですが、単に表情だけを見ているのではなく、お母さんの心の奥にある、幸福感や喜びに共感しているのだといわれています。共感する力の芽生えですね。

生後2〜3カ月くらいになると、赤ちゃんはお母さんに「いつも自分のそばにいてほしい」という欲求をもつようになります。生後3〜4カ月になると今度は「そばにいるだけでなく、わたしを喜ばせてほしい」と思います。5カ月くらいになると、「喜ばせるだけでなく、わたしが喜ぶことをお母さん自身も喜んでほしい」と思うようになります。めんどうくさそうに遊んでもらってもダメなんですね。生後わずか5カ月でも、人は「誰かと喜びを共有したい」と思うのです。

この「そばにいてほしい」「いっしょに楽しいことをしたい」という「喜びの共有」こそが、「共感力」「思いやり」の原点です。人は「喜びを共有する力」をもたなくては、「悲しみを共有する力」ももてないのです。

たとえば学校で友だちをいじめる子がいますね。彼らには、他者の痛み、悲しみがわかりません。彼らは幼いころに、親と喜びを共有した経験が非常に少ない。だから悲しみも共有できないのです。

しかられても、説明されても、人の悲しみは理解できません。だれかと喜びを共有できて初めて、思いやりの心が芽生えるのです。

社会性、共感性、自律性は赤ちゃんに向けるお母さんの温かなまなざしが育てるのです

ルールを守れる子は母親に見守られてきた子

次に育てていただきたいのは、「社会のルールを守る気持ち」です。これは、生後6カ月から2才ごろまでに育つといわれています。

赤ちゃんがハイハイやよちよち歩きを始めると、未知のものと出会うことがありますね。そんなとき、赤ちゃんは必ず親を振り返り、「やっていいの?」などの判断を求めるものです。そのとき、親がちゃんと見てあげて「いいよ」「ダメだよ」と教えることで、赤ちゃんは自分の行動を修正します。これを「ソーシャルリファレンス(社会的参照)」と呼びます。この体験が、成長したときに社会のルールを守る原点です。

少年期になっても社会のルールを守れない子の多くは、赤ちゃん時代に「振り返ったときに誰もいなかった」という経験を積んできた子ばかりです。答えを求めたときに親はちっとも自分を見てくれなかった。にもかかわらず、親の都合で「これをしちゃダメ」

「こうしなさい」を言われてきたのです。

大事なことは、子どもが求めるときに見てあげることです。赤ちゃん期のしつけは、それに尽きると言っても過言ではありません。

自分を律する力は「待つ」時間に培われる

それでは、「自分で自分を律する力」は、いつごろ身につくのでしょうか。それは幼児期前半（3才ごろまで）だといわれています。この時期に親が十分に「待つ」ことが大事なのです。

「自律」とはすなわち、自分のことを自分で決める力です。親が「ああしろ、こうしろ」と口を出していては、自律心が育つ暇もありません。

確かに、この時期の子どもは、できないことや失敗することも多いでしょう。しかし、怒らず、焦らず、何度でも繰り返し、根気強く教えてあげるのです。できないときには手伝えばいいのです。そして、「できるようになる時期」を、その子自身に任せてあげるのです。わが子が何かをできるようになる、その一つ一つを、親はただ見守りながら待ちましょう。待っている時間に、子どもに自律心が育っていくのです。

このように、社会性、共感性、自律性というのはすべて、赤ちゃん期のお母さんの温かなまなざしが育てるのです。そのたいせつさを、どうぞ忘れないでください。厳しくしつければ、はた目には「いい子」が育つかもしれません。しかし、わが子を十分受け止めるまえに厳しいしつけに傾いてしまうと、もっともたいせつな「母子の信頼関係」が損なわれることもまた事実なのです。

厳しくしつければ、
はた目にはいい子が育つ。
けれど母子の信頼関係が
損なわれては意味がない

第4章

上の子の気持ち、下の子の気持ち

「ごめんなさい」と言わなくても
自然に仲直りができる。
だからきょうだいは、
貴重なのです。

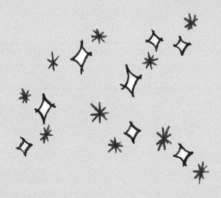

きょうだいを同じに育てる必要はありません

わたしには3人の子どもがいますが、きょうだいがいるということは、少子化のいまの時代、非常に貴重なことだと思います。きょうだいという人間関係を通して、遊び方、ケンカの仕方、仲直りの仕方など、さまざまなことを学ぶことができます。

その一方で、お母さんが、「平等にしたいができない」「同じように接しているつもりなのに、ある子だけがひがんでしまう」と悩むこともあるでしょう。きょうだいがいることはすばらしいことですが、大変な場面というのも少なくはないのです。

まず「公平」とか「平等」という考え方ですが、親の愛情や、手間、金銭的なものを「等分」に分けて与えるのがいいとは思わないことです。子どもはみんな、それぞれちがう欲求をもっていますし、親をわずらわせる頻度もちがうでしょう。欲しいものもちがうし、望む進路もちがいます。

親にたくさんかかわってほしい子もいれば、早めに親に満足してしまう子もいます。たくさん手伝わないと自分の進む道を見つけられない子もいれば、わりにあっさりと進路を決めてしまう子もいます。個人差があるのです。親の手を、必要なときに必要なぶんだけ与えてあげることが「平等」なのです。それが「公平」なのです。こっちに3回手をかけたから、こっちの子も3回でなくちゃ、なんてことはありません。食事の量だってミルクの量だって、子どもそれぞれに必要な量はちがうでしょう。小食な子に、大食の子と同じぶん食べさせようとしたら、それこそ不公平です。

子どもが3人いても4人いても、一人一人の子をちゃんと見てあげることです。そして、その子の望むことは何かなと考えてあげれば、おのずと必要な分量がわかってくると、わたしはそう思いますよ。

きょうだいが何人いても、一人っ子の時間を

そして、きょうだいが何人いても、どの子も一人っ子のように育てるのがいいと思います。わたしも3人の子どもを育てましたが、どの子もすべて、一人ずつ、一人の子としてかわいいと心から思いました。親は子どもそれぞれのちがいがよく見えますからね、それを比較するのではなくて、そのちがいを十分味わい、そのちがいを楽しみました。子どもはみんな、一人ずつちがいますが、どの子もみんな、個人としてかわいいのです。

子どもとの、一対一の時間も欠かせません。親の愛情とか気持ちというものは、その子と一対一のときに伝わりやすいものです。「一人っ子の時間」とわたしは呼んでいますが、その子だけの要求を聞いてあげる時間が、子どもには必要なんですね。親と二人っきりでおやつを食べるとか。そういう時間のほうが、教えたいこととか、しつけとかが、うまく伝わると家内は言っていました。

きょうだいがみんなでいるときには、それぞれの要求がいっぺんに親に向かうこともありますね。いっせいに話しかけられたりもします。親だって一人ずつの話しか聞けませんから、あと回しにされる子も出てくるでしょう。そんなときでも、一人っ子の時間がちゃんとあれば、納得できるのではないかと思います。

このまえテレビで親鳥がヒナにえさを与えている映像を見ました。何羽もヒナがいて、みんなすごい勢いで口を開けてピーピー叫んでいるのですが、親鳥は実に堂々としたものです。「こんなに大騒ぎしてうるさいね、イライラさせるね」なんて言いませんよ。順繰りに口の中にえさを入れてやり、またパーっと飛んでえさを取りに行くんです。

3人の息子を育てたときも、そんなふうだったかもしれません。順繰りに子どもの話を聞き、うなずき、ひざに乗りたい子はひざに乗せ、背中に乗りたい子は背負ってあげて、また仕事に行き、帰ってきたら3人の話を聞く。それはとても楽しい時間だった、と記憶しています。

一人っ子の場合は、過干渉にならないよう注意を

一人っ子が最近増えている、といわれますね。「一人っ子だからわがままになるんじゃないか」と、わざと厳しく育てようとされる方がいますが、それは大きなまちがいです。子どもが人と人とのかかわりを学んでいくとき、「自分が他人に合わせよう」と思ったりはしません。自分に合わせてもらった体験の結果、人に合わせてあげようと思えるようになるのです。ですから、一人っ子で親にたっぷり甘えることができて、思う存分「自分に合わせてもらった」という経験をしてきた子は、人に合わせて遊ぶことが上手になります。自立するのも早いものです。そういう意味で、一人っ子だからわがままというのは、まちがいなのです。

もしも一人っ子でわがままになってしまった場合は、親がその子に集中する時間をもてしまうあまり、過干渉になってしまったのだと思います。よけいなことを子どもに要求

しすぎた結果、欲求不満になってわがままになったのだと思います。一人っ子であればあるほど、過干渉には十分注意が必要です。上手に手をかけ、してほしいことだけをなるべくするようにしてあげれば、その子らしさを発揮して伸び伸び成長できることと思います。「一人っ子だから、早く集団生活を体験させたい」というのもまちがいです。まずは親子の信頼関係をしっかり築き、次に親といっしょにほかの子と交わり、そのあとで集団生活に入るのです。順番をまちがえてはいけませんよ。とくに、「親といっしょにほかの子と交わる」という部分は、ぜひ厚くしていただきたいですね。幼稚園に入ったあとでも、小学生になってからでも。

きょうだいのような関係の友だちを、意識してつくってあげることも必要です。ご近所の同年齢の子と親子で親しく遊んだり、いとこ、はとこなどの親戚ときょうだい同様に交わるチャンスをつくってください。お休みの日などは、2～3家族と誘い合って、動物園や遊園地などに出かけることができるといいですね。親同士が親しく交わることで、子ども同士も安心して遊び、安心してケンカができるようになるものです。きょうだいの最大のメリットは、安心してケンカができること、そして「ごめんなさい」がなくても仲直りできるところなのですから。

毎日繰り返される兄弟ゲンカがイヤ！

（年長と年少男児の母）

2才違いの男の子2人なので、兄弟ゲンカが毎日のように繰り返され、もう止めるのもめんどうになってしまうほどです。

2人で遊んでいると、ささいなことからケンカが始まります。ブロックで作っていたものが壊れた、コマで対戦をしていて負けた、おもちゃを貸してと言ったのに貸してくれなかった……、先に泣くのはたいてい弟のほうです。それを兄がからかうので、ますますひねくれて泣きわめくのです。泣く子をほうっておくこともできず、「やめなさーい」と叫んでしまうことも、しばしばです。

また、譲り合うことが全然できないので間に入るのですが、兄と弟のどっちをがまんさせたらいいのかも迷います。なぐり合いなどはしないので、やはり本人同士に任せて、見守ったほうがいいのでしょうか。

きょうだいゲンカは〝スポーツ〟です。いいも悪いもない。親が下手に価値判断すると必要以上にこじれるだけです

親の役目は、試合終了を告げることだけ。介入も仲裁も無用です

もしもきょうだいゲンカをしない兄弟姉妹がいるとすれば、そっちのほうが問題ですよ。わたしには息子が3人いますが、彼らはしょっちゅうケンカしたようです。それを毎日見ていた家内が、こう言いました。

「あれはスポーツなの。強いほうが勝つし、何度負けてもまたやりたがるんだから」と。うまいこと言うなぁと思いました。スポーツですから、負けたほうを必要以上になぐさめる必要はありません。もちろん勝ったほうをたたえたりもしませんけどね（笑）。

親の役割は審判です。といっても、どちらが悪いかの判断を下す審判ではありません。試合の経過を見守って、ゲームセットの宣告をする役目です。「勝敗」はたいてい、どちらかが泣いた時点で決まりますから、泣き声が聞こえたなら「ハイ、もうおしまい」と声をかけましょう。どなったり、説教したりしてはいけません。

そのあとは、気持ちを落ち着かせ、気分転換させてあげましょう。ラグビーで試合終了のことを「ノーサイド（敵も味方もない）」と言いますが、きょうだいゲンカもその精神です。終わったらもう、どちらも悪くない。二人を呼んで「じゃ、アイスでも食べようか」。それだけです。

どちらも悪くない。上の子は上の子なりにルールを守ってケンカしています

いいですか。どんな理由でケンカが始まろうと、どんな展開を見せようと、どちらも悪くないんですよ。「弟がいつも負けるのでイジケないか」と心配しているようですが、そんなことありません。イヤだったら、いっしょに遊んだりしませんよ。

お兄ちゃんだって、手加減しています。なぐり合いにはならないと書かれているじゃないですか。２才の年齢差を意識して、自分なりのルールを守ってケンカしていることがわかります。偉いものです。

「泣いてもからかう」のはゲームセット後の攻撃ですから、親が「もうおしまいよ」と言えばいい。それでもやめないなら、しかりつけるのではなく、気分転換できる何かを与えればいいのです。

大ゲンカしてもまた笑顔で遊び始める。その体験に価値があるのです

きょうだいゲンカのすばらしさは、「自然な仲直り」を学べることにあります。これがとても大事なんですよ。「ごめんなさい」がなくても人間関係が修復できるなんて、すばらしいことです。それは、きょうだいだからできるんです。

そんな体験を繰り返すことで、その後の友だちづきあいがとても上手になります。仲直りがうまくできず、人間関係につまずいてしまう子が、最近は増えているんです。人間が日々生

きていくうえで、仲直りを自然に上手にできるとどんなに生きやすいことか。一人っ子のお子さんでも、きょうだいのようにケンカができる相手を見つけられるといいですね。

ケンカがあとあとまでしこりを残すとすれば、親がよけいな介入をしたからでしょう。自分自身の「きょうだいゲンカ」の記憶をたぐってみてください。悔しい思いがあるとすれば、親の介入があったからじゃないですか?

親が怒ったり、善悪を判断したりすると、純粋なスポーツのようなケンカではなくなります。親の愛情を求めて、恨みになってしまうのです。

そうならないためにも、親はカッカしないことです。たかが子どものケンカです。「こっちが悪い」「いやそうじゃない」とグチャグチャ言うなら、「ふーん、そうなんだ」と聞いてあげればいいのです。片方が片方に「謝れ」というなら、「ママがかわりに謝るからね」と言ってあげればいいのです。

親がすることは、ちゃんと見守って、口を出さず、試合終了を宣言して、気分転換させる。それだけのことです。とても簡単なことです。やってみてください。彼らはすぐ笑顔になって、また遊んで、またケンカを始めます。

そして遠くない将来、彼らはまったくケンカしなくなります。そのときまでのことなのです。

3人に物を買ってあげるのは難しい

（7才と5才と3才女児の母）

3人姉妹なのですが、2才ずつしか年がちがわないためか、物を買うときに必ずもめることになります。たとえば「1人1個だけ」と選ばせると、なぜかみんな同じものを欲しがり、同じものが家に3つになってしまいます。だったら1つ買って交代で使わせたほうがいいのかな、と思うのですが、それは絶対に嫌がります。

また、下の2人は誕生月が同じなので、いっしょに誕生日プレゼントを買いに行くのですが、必ず長女が便乗して、「何か買って」と言ってきます。断固として「ダメ」と言おうと思うのですが、根負けして買ってしまうことも……。「物を欲しがる子は心が満たされていない、愛情が足りていないことがある」と聞いたことがありますが、そうなのでしょうか？

物の与え方は、各家庭のルールを決めて。わたし自身は、がまんさせることばかりが必ずしもいいことだとは思いませんよ

ほかの人が選ぶものはなぜか魅力的に見えるものなのです

わたしも3児の父なので、この方の気持ちはよくわかります。同じような場面で困った覚えもあります。

子どもって不思議なもので、なぜかきょうだいで同じものを欲しがるんですね。洋服でもおもちゃでも。親としては、せめて色ちがいを買おうと思いますよ。一つを青にしたら、もう一つは緑とか。でも、最初に一人がどっちかを選ぶと、もう一人も同じほうを欲しくなってしまうんです。しかたがないので、色も形もまったく同じものを買ったこともありました。

それがよかったかどうかはわかりません。どちらかにがまんさせてきた場合と、同じものでもいいと言った場合を比較して、追跡調査をした人はいませんから。

でも、人間は人と同じものが欲しくなるものです。大人を見てごらんなさい。みんな同じブランドのバッグを欲しがっているじゃありませんか。女子高生のスカートの丈は、どんなに寒くても、みんな同じように短いですよ。一生懸命お金をためて、どんなに寒くてもがまんして、それでも「人と同じ」を追いかけたいものなのですね、人間は。それを思えば、子どもがきょうだいと同じものを欲しがることくらい、どうってことありませんよ。

ただ、親が方針を決めることは必要だと思います。「今日は買わない」という日を決めたり「いくらまで」と決めたり。その中で「今日は一人一つ」と親が決めたのであれば、きょうだい3人同じものでもしかたがない。「一つを買って交代で使う」にいきなり変えられては、子どもも納得いかないでしょう。

選べない場合もありますね。もらい物などは、最初からちがうものが一つずつしかないこともあるんですね。そんなときには、くじ引きにしたこともありました。子どもたちに中を見せる前にやるんです。そして「一度決まったら、相手に交渉して交換するのはいいけれど、嫌がったら無理強いはできない」とルールを決めました。欲しいものがもらえなかった子は泣くこともありますが、それはしかたがない。泣いたことをしかる必要もないと思っていました。

誕生日じゃない子にもプレゼントをあげたっていいと思います

誕生日プレゼントの問題でも、困った覚えがありますね。わが家の子どもたちは、11月、12月、4月がそれぞれ誕生月でしたから、11月の子と12月の子はいっしょに誕生日のお祝いをしていました。そうなると、4月生まれの子は一人だけプレゼントをもらえないわけです。当然欲しがりますから、その子にもプレゼントをあげました。そして、4月の子の誕生日のときには、11月と12月の子にもあげたかもしれない（笑）。

厳密に「11月の子は11月に、4月の子は4月に」という考え方も悪くはないと思いますが、幼児にそこまで理解させるのは難しいかもしれません。不公平感をもつのであれば、同じ日に誕生日プレゼントをあげてしまってもかまわないと、わたしは考えました。でも、11月にプレゼントをあげた場合は、クリスマスはなしにしたと思います。

もちろん、それは、その家庭なりのルールでいいんです。「プレゼントは1年に1回だけ」にしたいなら、「お姉ちゃんの誕生日にいっしょにもらったら、本当の誕生日にはケーキだけ」という方法もあるでしょう。親子ともに納得できる形になればいいんじゃないかと思いますよ。

物を欲しがっても、それが大きな問題になることはめったにありません

わたしはいつも、「物で愛情は伝わらない」と言い続けています。愛情は、手や目や心をかけることで伝わるものであって、お金をかけることでは伝わらないのです。買い与えることで満たされるのは、親の自己満足にすぎません。

だからといって、「物が欲しい」と思う子は「愛情が足りない」ということでもありませんよ。きょうだいで同じものを欲しがったり、ほかの子の誕生日をうらやましがったりする気持ちは、どの子にも多かれ少なかれあることです。ただ、その感情の中に、何か大きな欲求不満が隠れていないか、上の子だけがまんさせているようなことがないかどうかだけ、気をつけてあげるといいと思います。

大事なことは、「わが家のルール」を決めることでしょう。「よその家はこうだから」「みん

なが持っているから」ではなく、家計の余裕や親の教育方針の中で、物をどう与えるのかが大事なのです。がまんさせることも育児にはもちろん必要ですが、あまりにがまんさせすぎる必要もないと思います。適度な物欲は、向上心の源になることもあるのです。

姉が弟のジャマばかりしているなんて

（年長女児・2才男児の母）

5才の姉は、周囲の状況が全然見えないタイプで、「電車の中では静かにしようね」と言っても騒いでしまったり、体のどこかが必ず動いている感じ。弟は逆で、周囲の状況を見て上手に動くタイプです。

最近やっと、姉弟で遊ぶようになってきたのですが、姉が弟のジャマばかりして、弟が何度「やめて」「どいて」と行っても無視。結局、最後には弟が姉をたたいたりしてケンカになります。下の子が上の子のジャマをする……というのはよく聞きますが、なぜ上の子が下の子を？と思うと、「育て方をまちがえたのか」という気持ちになります。

なにかにつけ「（わたしだけを）見て！見て！」と叫ぶ上の子。わたしはけっして上の子ばかりをしかっているわけではありませんし、いいことをしたときにはしっかりほめるようにしています。5才の子にはムリかもしれませんが、状況を読み取れる子、相手を思いやれる子になってほしいのです。

上の子が下の子を思いやれないのにはどうしようもない理由があるのです。まず上の子をたっぷり思いやってあげて

上の子が下の子に優しくできないなんてよくあることです。嘆くことじゃない

まだ幼児ですから、上の子が下の子に意地悪するのはよくあることです。「育て方をまちがえた」なんて、嘆くようなことではありません。

一般的に、それまでずっと一人っ子として育ってきた上の子は、弟・妹の出現によって親を奪われたと感じてしまうものです。しかも下の子はまだ何もできないため、親がよけいに手をかけますね。上の子がそれを見て、やきもちをやいたり、腹いせにジャマをしたり、邪険に扱ったりするものです。

この方は、「普通は、下の子が上の子のジャマをする」と考えていらっしゃるようですが、それは「上の子がせっかく作った積み木を、下の子が崩してしまう」というような、単純なトラブルの話です。多くの場合、上の子が下の子に意地悪をするものなのです。

このお子さんは、いつも「見て！見て！」と言うのですね。お母さんの視線が、弟ばかりに向かっているのだと思っているのでしょう。「見て見て」というのは、実は欲求不満のサインなのです。お母さん自身が「公平にしている」と思っていても、上の子に見えている世界はまたちがうのかもしれません。その場合、上の子を優先させてあげることも必要です。「まずお姉ちゃんね」と優先してあげていると、上の子は「弟が先でいいよ」と言うようになりますよ。上の子を重視しているように見せかけて、実は下の子にやってあげるという育児テクニックです。

周囲の状況を読むのが得意な子と苦手な子がいるものです

ただ、このお母さんにはもう一つ気になっていることがあるようですね。「周囲の状況が読めない」「弟の言うことを無視している」という点です。これは、「意地悪でやっている」のか「無意識にやっている」のか、判断が難しいところですね。ちなみに、マイペースすぎる、衝動の抑制が下手という傾向は、ＡＤＨＤ（注意欠陥多動性障害）の特徴でもあります。この相談文だけで判断することはできませんので、あくまで情報としてお伝えしておくのですが、軽度のＡＤＨＤである可能性もあるかと思います。そういう子は、状況を判断したり、他者の不満に気づいたりしにくい傾向があります。そのことも頭の片隅に入れておかれるといいですね。

ただ、もしもこのお子さんにＡＤＨＤの傾向があるにしても非常に軽いものだと思います。心理的な不安や苦痛を与えないような配慮がなされれば、年齢とともに徐々に軽快していくことが多いので、あまり心配しないでください。

「思いやり」は理屈ではありません。感情で理解することです

このお母さんは「思いやりのある子に育てたい」とも書いていらっしゃいます。そうおっしゃるお母さんはとても多いですね。では、思いやりの心とは、どうやって育つものなのでしょうか。

思いやりの心は、ほうっておいても育つものではありません。「こういうことをしてもらうと、

人はうれしいんだな。だったらわたしも、誰かほかの人にやってあげたい」と、そう思うから育つのです。5才ではまだムリかもしれませんが……と書いていますが、そんなことはありません。わからない人は、30才になってもわからないのです。

親切な子になってほしいと願うなら、親切な行為というものをたくさん見なくてはならないでしょう。思いやりのある子に育てたいなら、「思いやる行動」に日常的に触れる必要があります。そうですよ、親がその子をたっぷり思いやってあげることが、「思いやりの心」の芽生えになるのです。

「しつけ」というと、厳しくしかったり、何度も繰り返し言って聞かせることだと思っている人がいます。でも、子どもたちはみな、理屈はわかっているのです。どうすればいいか、何が自分のよくないことなのか、言われなくてもわかっています。犯罪者だってそうですよ。みんな、悪いことだとわかってやっているんです。

大事なことは理屈ではなく、感情の部分で「悪いことはやめよう」「人を喜ばせることをしてあげよう」と思うことです。その感情を育てるためにも、たっぷりの思いやりと愛情を、わが子に注いでください。手始めに、「見て！見て！」なんて言われるまえに見てあげることから始めましょうよ。

意地悪な兄を冷静にしかるなんてできない

（4才と2才男児の母）

子どものことは大好きなのですが、子育ての難しさをつくづく感じています。4才の長男は、弟の遊んでいるおもちゃを横取りしたり、「テレビが見えない」とけっ飛ばしたり、弟が嫌がって泣くようなことをよくします。

そんなときは、長男に優しくしようと抱っこしたりもするのですが、ダメなものはダメと言うようにしています。けったらいけない、勝手に取るのはいけない、など。そして弟に対して痛いことをしたら、わたしがかわりにやり返します。けったらけるし、たたいたらたたき返します。自分がやられたらどう思う？と。

悪いことは悪いと教えたいのですが、怒りすぎて胃が痛くなってしまうこともあります。冷静にしかるなんてできません。こんなしかり方はいけないのでしょうか。

乱暴は、満たされていない心の表れです。たたき返し、けり返しても、乱暴にさらに拍車がかかるだけです

たたかない子にしたければまずは親ががまんすることです

おっしゃるとおり、子育ては難しいですね。悩んだり迷ったりすることがたくさんあります。でも、迷いの中で道を照らしてくれるのは「子どものことが大好き」という気持ちです。この方はそれをもっていらっしゃる。最初にはっきり、そう書いていらっしゃる。だいじょうぶですよ。

とはいえ、なぐったりけったりするようなしかり方はいけません。確かに、子どもを育てるうえで、しかることや禁止することはあってもしかたがないでしょう。しかし、自尊心を傷つけるような方法はいけません。弟のかわりにけり返したりしてはいけません。

もしもあなたがご主人の意に沿わないことをして、たたかれたりけられたりしたらどう思いますか？　自尊心がひどく傷つけられると思います。それはお子さんだって同じことです。

上のお子さんに「たたいてはいけない」と教えたかったら、お母さん自身がたたくことをがまんしなくてはなりません。もしもたたいてしまったときには、お子さんに向かって「怒りすぎてごめん」と謝ってください。「○○ちゃんが弟のことぶってしまうように、お母さんもがまんできなかった。本当にごめんなさい」と、ていねいにわびるのです。そして次からは、本当にがまんするのですよ。そう努力するのです。子どもの自尊心は、それで救われます。

「意地悪」ではなく、きょうだいゲンカ。しかる必要なんてありません

たかが、子どものケンカです。「意地悪」ではなく、「スポーツみたいなもの」と考えてください。下の子がたたかれて泣いたとしても、上の子を責めたりしかったりはしなくていいのです。

「弟をぶったから」「意地悪したから」と上の子をしかっているうちは、上の子の意地悪はおさまりません。しかればしかるほど上の子の攻撃性は強くなり、下の子に優しくできなくなり

ます。下の子は、お兄ちゃんが好きだから、たたかれてもけられてもいっしょに遊ぶのでしょう？お母さんが上の子ばかりしかることがなくなれば、自然に乱暴もおさまるはずです。

上のお子さんは、欲求不満が大きいのかもしれませんね。幼稚園や保育園でも、乱暴な子や意地悪な子は何か心に傷を抱えていて、屈折していることが多いのです。その欲求不満が、乱暴な行動を生むのです。しかればしかるほど、「あなたが悪い」と言われれば言われるほど、欲求不満は大きくなるばかりです。

きょうだいを育てるときは、できるだけ上の子を大事にしてあげるといいですね。まず上の子、次に下の子です。そうすれば上の子はどんどん自立していって、「ぼくはいいから、弟にやってあげてよ」と言うようになりますよ。

お母さんの心のゆとりが子どもの心にゆとりや優しさを生む

最後に、蛇足ながらつけ加えさせていただきます。

一方的な印象で恐縮なのですが、この相談を読みながらわたしは、このお母さん自身が孤独なのではないかと感じました。ご主人は、この方のサポーターになってくれているのでしょうか。この方にとって、家庭はくつろぎの場になっているのでしょうか。お母さんが夫との関係でくつろぐことができないと、子どもに厳しく当たってしまう傾向があると、わたしは何十年もの臨床で実感しています。夫の育児への協力は、おむつをかえてくれることや、おふろに入れることだけではありません。妻の心の負担をどれだけ軽くしてやれるかが、実はいちばん大事なのです。妻の苦しさに、耳を傾けることなのです。

いまのような状態がこれ以上続くと、上のお子さんの「母親への基本的な信頼感」が揺らいでしまう可能性があります。基本的な信頼感を幼児期にちゃんと築けない子は、攻撃性が強くなったり、ひきこもったりしてしまう傾向があります（この方のお子さんがそうなる、と言っているのではありませんよ。そういう傾向がある、という意味です）。

いまが非常に大事なときです。ご主人とちゃんと向き合って「わたしはいま、とてもつらい。相談に乗ってほしい」と話してみましょう。それが難しいのなら、ご友人や専門機関でもいいでしょう。

たった4才の子に対して、胃が痛くなるほど怒ったり、けったりたたいたりしてはいけませんよ。どうぞお願いします。

上の子をかわいいと思えない

（年中男児・2才女児の母）

4才の男の子と2才の女の子の母親ですが、平等にかわいがることができずに苦しんでいます。長男は神経質で積極性に乏しく、遊びに連れていっても「お母さんやって」「ぼくはいいよ」と言います。好き嫌いが多く、何をするにも遅く、同じことを何回言っても聞いているのかいないのか……。それに対して長女は積極性もあり、何をするのもテキパキ。わたしに似たタイプだと感じるためか、イヤイヤの時期で手をやきつつも、そこがかわいく感じられるのです。

下の子が寝ると、上の子が「ぼくも眠い～、だっこ～」と甘えてきたり、おっぱいに顔や口をつけてみたり、体にまとわりついてきます。優しく受け止めなくてはと思うのですが、どうしてもできません。わたしが突き放すので、よけいにしつこいのかもしれません。

先日、幼稚園の先生に「最近、以前のような元気がなく、やる気もない」と言われ、わたしのせいではないかと悩んでいます。

かわいがれば、かわいい子になりますよ。逆に、「かわいい子になって」と願いすぎると、かわいくない子になるのです

下の子が幼い場合、親は上の子に早い成長を期待してしまうものです

下の子ばかりかわいがってしまうというお母さんは、けっして珍しくありません。複数のお子さんをもつ方なら、多少なりとも感じたことがあると思います。

下の子が小さくて手がかかる時期、お母さんは「上の子には手がかけられない」という状態になりがちです。最初のうちは「下の子がかわいいから」ではなく、「手がかかるからしかたなく」そうなってしまうのです。けれど、それが長期間続くことで、いつの間にか「上の子には、できれば手をかけたくない」という気持ちに変化するのです。「お兄ちゃん（お姉ちゃん）な

んだから、自分のことは自分でやれるようになってほしい」と。

けれど、上の子だってまだ十分に幼いのです。甘えたい気持ちを、お母さんに満たしてほしいのです。なのにお母さんは、「早くお兄ちゃんらしくなってね」と要求してきます。すると、上の子の心は、欲求不満でいっぱいになってしまいます。

欲求不満は、「退行（赤ちゃん返り）」や「攻撃性」といった形で表に現れてきます。それが母親の目には「お兄ちゃんのくせに、赤ちゃんっぽい行動が多くて困る」「お姉ちゃんなのに、ちっとも下の子をかわいがらず、意地悪ばかりする」と映ります。しだいに、お母さんには「上の子のいい部分」が見えなくなり、かわいいと思える場面がどんどん少なくなってしまいます。上の子に対してますます厳しくなり、子どもは退行や攻撃性を強めてしまいます。完全に悪循環です。これは、けっしてこの方に限ったことではありません。

まず上の子を大事にしましょう。すると上の子は、下の子をかわいがります

こうなってしまう背景には、「下の子優先」という親の無意識の行動があると思います。わ

たしは常々言っているのですが、きょうだいは「上の子優先」で育ててほしいのです。下の子はあとから生まれてきたのですから、上の子が先でも「そういうものか」と思います。ひがんだりしません。

たとえば、赤ちゃんが生まれたら「右のおっぱいは赤ちゃんの。左のおっぱいはきみのだよ」と言うのです。「お先にどうぞ」と。そうすると上の子はたいてい「ぼく、おっぱいなんかいらないや」と言います（欲しいと言ったら、飲ませてあげてもいいんですよ）。そしたらお母さんは赤ちゃんに「さぁ、お兄ちゃんがあんたにおっぱい2つともくれるって。いいお兄ちゃんだね。優しいね」って言って飲ませてあげるんです。そうすると、上の子はお兄ちゃんらしい表情になりますよ。こっちのねらいどおりなんですけどね（笑）。

それを下の子が生まれたその日から始めるのです。「まずお兄ちゃんからだよ」と。そうすると、上の子はどんどんお兄ちゃんらしくなります。お母さんも「なんていい子だろう」とかわいくなります。

お母さんにかわいがられると、上の子は下の子をかわいがるようになります。まさに自慢のお兄ちゃんです。いい方向に循環していくのです。

上の子をほめてあげてください。「かわいい顔だね」でいいんですよ

この方は上のお子さんを「神経質」と書いていますが、そうではないと思います。ただ、意欲がわかないのです。自分で決めることができないのです。これは「自己肯定感」が育っていない子どもに見られる行動です。自己肯定感とは、「自分はこれでいいんだ」という自信です。その自信がないと、何も自分では決められないし、積極的に動くこともできません。

どうぞ、上のお子さんの自尊心を育ててあげてください。自分に誇りがもてるように。自分が母親に愛される価値のある人間だと思えるように。

やり方は簡単です。「お兄ちゃんから先にね」「お兄ちゃんだから特別だよ」と、たったそれだけでいいんです。それだけでグングンお兄ちゃんらしくなってきます。

そしてほめてあげてください。「ほめたくても、ほめられるような行動をしないんです」と言うお母さんは少なくありませんが、行動をほめる必要はありませんよ。お子さんの顔をじーっと見て、「あんたの鼻はお母さんにそっくりだね。目はお父さんに似てる。お父さんと

お母さんの子だからかわいいんだね」って、それでいいんです。「足が長いね」でも「いい声だね」でもいい。目が合った瞬間に「いまの顔、かわいかった！」と言うだけでもいい。それだけで、人格すべてをお母さんに肯定されたと思うんです。

「かわいい子だからかわいがる」のではなく、「かわいがることで、かわいい子にしていく」のです。最初の一歩を踏み出すのは、お母さんのほうですよ。

コラム4 人を信じられる子に

凶悪犯罪が続くなかで、人への信頼感をどう伝えたらいいですか？

どんな人の心の中にも善意と悪意があるものです

子どもを巻き込んだ犯罪が続くと、確かに親は不安になるでしょう。他者との接触を恐れる気持ちもわかります。けれど、人の善意を伝えることをやめてはいけません。こんな時代だからこそ、善意を信じられる人に育てなくてはならないと、わたしは思います。

世の中には、悪い人も怖い人もいる。でも、いい人はそれ以上にたくさんいる。こういうことを、子どもにちゃんと教えてください。

実は先日、車で道に迷ってしまったので、二人連れの学生さんに道を聞きました。彼らは一生懸命考えたあげく、「説明しにくいので、ぼくたちについてきてください」と、車の前を（車道です！）二人で走りだしたんです。結局、目的地までいっしょに走ってくれましたが、ありがたかったですね。

こんなふうにね、世の中にはいい人がいっぱいいるんですよ。でも、すべてが善良である人はいません。一人の人間の中にも善意の部分と悪意の部分があるんです。これは必ずありますよ。「人には悪意なんてない」なんて、そんな育て方はだめです。誰にだって悪意はあり、自分にだって悪意がある。それでもなお、人の「善意の部分」をちゃんと信じられる人、そして自分の善意を発揮できる人に育てるのです。

こうあってほしいけれど「そうならなくてもいい」

人と人とが信じ合える社会を、わたしたちはつくっていかなくてはなりません。人を信じられる子どもを育てなくてはなりません。でも、それは「見ず知らずの人を信じられる」ということではありませんよ。そういうことじゃない。

友だちを信じられる。お隣のおばさんを信じられる。親戚を信じられる……。身近にいる他人を信じられ、頼り合える社会をつくるということです。その基礎になるのが、「親子の信頼関係」と、「自分への信頼感」(自己肯定感)です。人の善意を信じるためには、この二つが絶対に必要なのです。

みなさんは、わが子を信じることができますか？

「信じる」という言葉をいいかげんに使っちゃいけませんよ。本当は信じていないから、「信じている」という言葉を使いたがる人が多いんです。でもそれは、信じていることになりません。

わが子を信じられなくなると、親は口うるさくなりますね。ガミガミ言ってコントロールしたくなる。

そうではなく、「あなたが生まれてくれただけで、わたしはうれしい」、「それだけでもう十分なんだ。あなたはいい子だ」と、そういう思いを子どもに伝え、そういう気持ちで育てることが「信じる」ということです。

もちろん親ですから、「こうなってほしい」という思いはありますよ。そのために、家庭の中でいろいろなことを教えていくのです。

わたしだって、家内と「こういう子になってほしいね」という話をしました。ただ、そのあとで必ず、「でも、そうならなくてもいいよね」と言いましたね。親にそういう視点があるだけで、子どもは安心して大きくなれると思うんです。

悪い人も怖い人もいます。
でも、それ以上に
いい人がたくさんいます。
人の善意を信じるのです

守るべきは子どもの自尊心。親の体面ではありません

以前、あるテレビ番組のために少年院に取材に行きました。罪を犯した少年たちに親のことを聞くと、表現はちがっていても、みんな同じことを言いました。「親の世間体やプライドを常に優先させて、子どもの世間体やプライドなど考えてもくれなかった」と。

親に自尊心があるように、子どもにも自尊心はあります。その二つがぶつかったとき、親はけっして「子どもの自尊心」のほうを優先してはくれなかったと言うのです。ある子はこう言いました。受験に失敗したとき、その子は「A高校じゃなくてもいい」と言い、実際に行った高校で満足して過ごしていたのです。しかし親が、「それじゃわたしの気がすまない」と怒ったというのです。

わかりますか？　その親の欲しかった子は「A高校に行く子」なんです。血統書のついたペットが欲しいのと同じです。それを子どもは敏感に察知して苦しむのです。自尊心はめちゃくちゃになります。

いちばんたいせつなものは、子どもの自尊心です。これを守るためなら、親の体面なんていくらつぶれてもかまいはしません。「親の顔にドロをぬってしまった」なんて、子どもには微塵《みじん》も思わせてはいけませんよ。子どもは、自分の自尊心や体面を守ってもらうことで、「親に信じてもらえた」と実感します。そして信じてもらうことで、「自分は価値のある人間だ」と知るのです。

自分をたいせつに思うことができれば、他人のこともたいせつにします。悪いことはできなくなります。

親にたいせつにされるから
自分をたいせつにできる。
親が信じてくれるから
人のことも信じられる

第5章

ママだって傷ついている

傷を乗り越えて
幸せになるためにも
家族を幸福にできる人に
なってください。

幸せに見える人は、誰かを幸せにしている人

最後の章では、まず人間の幸せについて少し考えてみたいと思います。

わたしたちはもしかすると、自分の幸福は「自分だけ」の幸福なのだと、思いちがいをしてきたのではないでしょうか。自分をたいせつにするということは「自分だけ」をたいせつにすることだと、そう思ってしまったのではないでしょうか。

人間関係は、相互依存関係です。ですから、自分だけで自分自身を幸福にすることはできないのです。わたしたちはみな、人間関係の中でしか幸福になることはできません。周囲の人が不幸で、自分だけが幸福なんて、そんなことはありえないのです。

自分のことしかたいせつにできない人は孤独です。いつしか心を病んでいきます。他者をたいせつにできない人は、自分の人生をも空虚なものにしているのです。

幸せそうに見える人は、必ず「誰か」を幸せにしている人です。それは自分の家族である場合もありますが、ボランティアとして助けている貧しい国の子どもだったり、スポーツ選手なら応援してくれるファンだったりもします。どんなにすばらしいホームランを打っても、喜んでくれるファンやチームメートがいなければ、うれしくなんてないでしょ

う。どんな大金持ちになったとしても、孤独で誰も信じる人がいなければ、幸福になどなれるはずがないのです。

幸せにはいろいろな形があるでしょうけれど、「この人を幸福にしたい」という人をしっかりもつことでしか、幸せをつかむことはできない、ということだけは共通のことです。やめなさいと言われても、人は人を幸せにすることをやめられないものなのです。誰かを幸福にしないことには、自分が幸せになれないのですから。

それが人間の原点だと、わたしは思っています。

お母さんたちは結婚するまえ、伸び伸びと自分の時間を生きてこられたことでしょう。お金もあり、自由もあり、おしゃれもして、楽しく生きてきたことと思います。それが、子どもができたとたん、変化してしまったかもしれません。自分の人生を、誰かのために犠牲にしているように思ってしまうときもあるかもしれません。

けれど、そうではないのです。子どもを育て、子どもを笑顔にすることで、お母さん自身も笑顔になっていくのです。夫をたいせつにすることで、夫からもたいせつにされるのです。親をいたわることで、子どもからもいたわられるのです。人間とはそのようにして幸せになるものなのだと、あらためて認識していただきたいと思っています。

夫婦の信頼関係を保つためにできること

家族の中ではまず、夫は妻を、妻は夫を、幸せにしていただきたいのです。いい育児というのは、子どもをありのままで受け入れられる育児です。子どもに「こんな子になってほしい」と望むのではなく、子どもの望むような親になろうと思えることです。このような育児を、わりあいすんなり実行できる人というのは、夫なり妻なりに「ありのままの自分」を受け入れてもらえている人です。人をありのまま受け入れるためには、自分がまず受け入れてもらう必要があるのですね。

実際、子どもを虐待している夫婦（内縁でもそうです）というのは、必ず夫婦仲が悪いものです。夫婦仲が悪いと必ず子どもを虐待するとか、そういう意味ではありませんよ。しかし、夫婦仲がいいのに子どもを虐待するなんていうことは、ありえないのです。自分自身が受け入れてもらえていないから、子どものことを受け入れられない、幸せにできないのです。

夫婦の信頼関係を保つためには、おしゃべりするのがいいと思いますね。ぼくは毎日必ず、子どもたちが寝静まったあとで、家内とおしゃべりしていました。ビールやワインをちょっと用意して。なんてことない話をしたり、気になることを話し合ったり。そのような時間をしっかりつくろうとすることが、心が離れていかないために必要な努力ではないかと思います。ご主人の仕事が忙しくて帰りが遅い場合には、せめて週末にでも、ゆっくり話す時間をどうぞつくってください。

子育ては何よりも誇り高い、すばらしい仕事です

最後の章に出てくる相談には、わが子についての相談のように見えて、実の親や夫への悩み、自分自身のことでの苦しみがつづられているものが多くあります。

わたしは本書の中で、「子どもが幼いうちは、母親との関係が非常にたいせつである」と書いてきましたが、実際にはそれだけではありません。母親の幸福のためには、夫や両親やきょうだい、親戚、ご近所関係もすべてがたいせつなのです。その関係が良好であるからこそ、安定した気持ちで育児ができるのです。また、子どもはそんな母親の人間関係のつくり方を見て成長し、その姿をまねて大人になるのです。親のつくり出す人間関係の網の目の中で、子どもは成長していくものなのだと、そう思われるといいですね。

ですから、子どもとお母さんの関係だけが良好であればいいなどとは、どうぞ思わないでください。自分の周りにいる人たちのことも、大事にしてください。お母さん自身、さまざまな悩みや問題を抱えていることもあるでしょう。つらい成育歴のある方もいらっしゃることでしょう。他人とのかかわりがめんどうになってしまう人もいることでしょう。そういったことも含めて、子育ては自分の生き方をもう一度見直していくチャンスと考えていただきたいのです。

いちばんいいのは、周囲の人を幸福にすることで、お母さん自身が幸せになることです。まずは子どもの幸せそうな顔を見て、お母さん自身もどうぞ、幸せを感じてください。家族が楽しそうに過ごす様子を見て、お母さんも楽しさを味わってください。

子育ては、世の中のあまたある仕事のなかでも、最高にすばらしい仕事だとわたしは思います。その仕事を、誇りをもってやり遂げてください。この子を幸せにすることがわたしの幸せなのだと、家族を幸福にすることがわたしの誇りなのだと、そう思って子育てをしてください。

必ず、幸せになれますよ。わたしは心からそう信じています。

怒りだすと歯止めがきかなくなる自分がイヤ！

（4才女児の母）

ときどき、自分でもわかるほどイライラして怒りっぽくなり、必要以上に子どもをしかってしまいます。とくに生理前などはひどい状態です。

手を上げたりはしませんが、言葉でいろいろ言ってしまい、あとで「ひどい母親だなぁ」と落ち込みます。こんな母親に育てられてちゃんと育っていくのか不安にもなります。でも、うちの子は食べるのも遅いし、何回言っても同じことをするし……よけいにイライラするのです。「子どもなんだからしかたがない」とは思うのですが、怒りだすと歯止めがきかなくなってしまいます。

娘はときどき、顔色をうかがうようにチラっとわたしを見ます。わたしはスキンシップも苦手だし、子どもとどのように遊んでいいのかもわかりません。

自制心や自律心が育つのは幼児期前半。親にゆったり見守られて育った子は自制心も自律心も強い大人になります

わかっているのに感情が抑えられない。その背景には幼少期の体験があります

この方は、自分が怒りすぎていることを十分にわかっているのです。それなのにイライラした自分の感情を抑えることができず、わが子に八つ当たりしてしまうと書いています。自分の中の怒りや衝動を、自分の意思でコントロールすることができないのですね。

自分の感情や欲求をコントロールする力を「自制心」「自律心」と言いますが、この力は幼児期前半、つまり3〜4才ごろに豊かにはぐくまれるものです。

この時期の子どもは、やりたい気持ちがあってもうまくいかないことが多いものです。何度

言ってもできなかったり、遅かったりします。そんなとき、親がゆったりと見守ってくれることがたいせつなのです。

うまくいかないとき、親が「こうするんだよ」と穏やかに教えてくれ、できないところは手伝ってくれ、「できなくても大丈夫だよ。いつできるようになるかは、自分のペースで決めていいんだよ」という気持ちで待ってくれることが、自律心を育てるうえでとても重要なのです。なぜならそれは、子どもに「決定権」を与えるということだからです。

親が待っていてくれれば、子どもは自分で自分の力を落ちついて確認することができます。「できる」「できない」を自分に問いかけ、できることをし、できないことはやめます。

それはすなわち、「自分で自分を律する、制する」という行為です。その積み重ねの中で、子どもは自己コントロールする力を心の奥深くに育てていくのです。

自制心のもてない親は、自制心のもてない子を育ててしまうかもしれない

逆に、「何やってるの」「早くしなさい」と始終怒られている子には、自制心や自律心が育

つ暇がありません。けなされ続けた子は自尊心が育ちませんから、自分の行動に自信をもつこともできません。

要領のいい子なら怒られずにすむかもしれませんね。でもそれは、親の顔色をうかがいながら、親の望むような行動をとっているだけのこと。自分で判断する力は育っていないのです。いずれにしても、「待てない親」「イライラしやすい親」に育てられた子は、自制心や自律心が育ちにくい傾向があります。

この相談を読んで、このお母さん自身がそんなふうに育てられたのではないかと感じました。いつも親に口やかましくしかられ、失敗を許してもらえず、怒りを直接ぶつけられて育ったのではないかと。

だとすれば、とてもお気の毒なことだと思います。しかし、同じ過ちを繰り返してはいけませんよ。

大人になってからだって、自制心を育てることはできます。いまからでも、十分間に合うのです。人間はいくつになっても「遅い」ということはないのです。

いい人間関係をつくることがいい親子関係の土台になります

人間は、依存と反抗を繰り返して大人になるものです。いままで誰かに十分依存することができなかった人は、反抗することもできなかったはずです。その不満がずっとくすぶり続け、子どもに八つ当たりしてしまう人もいると思います。

いちばんいいのは、ご主人に手伝ってもらうことです。ご主人に悩みを打ち明け、泣き、甘え、依存することができれば、いちばんいいのです。

ご主人がムリであれば、カウンセラーのもとを訪ねてもいいと思います。自治体の育児相談に行ってみてもいいでしょう。どうにもならない感情を誰かに伝え、聞いてもらうことから、「育ち直し」が始まると、わたしは思います。

そして、「いい人間関係」を周囲にいろいろつくっていくこともたいせつなことです。親子関係だって、人間関係の一つです。人間関係に「くつろぎ」を見いだせない人は、わが子との関係も「くつろぎ」にはなりません。スキンシップも遊びも苦手、と感じるのはそのためです。

心を許せる友人との時間をたいせつにしてほしいと思います。学生時代の友人関係を取り戻してみる、幼稚園や近所で友だちをつくる、親戚と親しいつきあいをしてみる、そしてそこに「楽しさ」「くつろぎ」を見いだしましょう。おすすめは、スポーツや料理のサークルに所属することです。同じ目的に向かってがんばるのは楽しいものです。

そのうえで、わが子をしかる回数を減らす努力をしてみましょう。昨日は10回しかったけれど、今日は8回ですんだ。1週間たったら5回になった……そんなふうに、一つ一つ乗り越えられるといいですね。

離婚したことで子どもが寂しい思いをしている……

(年長女児の母)

わたしは去年離婚し、実家に戻ってパートをしながら、子どもを育てています。

別れた夫と子どもは会わせないことに決めたのですが、子どもはパパのことが大好きで、突然パパがいなくなったことに泣くこともしょっちゅうです。「もう会えないんだよ」「遠くに行っちゃったんだよ」と説明しても会いたがり、寂しくてしかたがないようです。

現在はわたしの両親と兄が同居していて、娘のことをとてもかわいがってくれています。でも、わたしは毎日仕事があるうえに体調を崩してしまい、以前のようにかまってあげることができません。「ママ、遊ぼう」とやってきても、イライラして追い返してしまうこともあります。離婚前は専業主婦で、近所には同じくらいの年齢の子がたくさんいました。何組もの親子で遊ぶことも多かったのですが、いまは近所に小さい子もいません。母親の愛情が足りない、寂しい子に育っていくのではないかと心配です。

大事なことは、いまの生活に満足すること。子どもの笑顔を見てお母さん自身も幸福になれるといいですね

お父さんに会えれば満足するというわけではありません

お子さんは「お父さんに会いたい」と言っているんですね。お母さんは会わせたほうがいいのか悩んでいらっしゃるのかもしれませんが、「お父さんに会えれば満足できる」というものではないと、わたしは思います。

この子はきっと、「自分のいまの生活に不足がある」と感じているのでしょう。不足しているものは「父親」だけでなく、「お母さんと過ごす時間」「同じ年齢の友だち」「以前のようなゆったりした環境」など、ほかにもいろいろあるのだと思います。でも子どもですから、自分

の生活に何が足りないのかがわからない。だから、いちばんわかりやすいこと、つまり「お父さんがいない」という不満を口にしているのだと思います。

大事なことはお父さんに会わせることではなく、いまいる家族でどれだけこの子の心の不足を埋めてあげるかなのです。お母さんとの関係、祖父母との関係、その中で満足できるようになれば、きっともう「お父さんに会いたい」とは言わなくなるはずです。

子どもが喜ぶことは何でしょう。それを見つけ、親子で楽しんで

とはいえ、お母さんは慣れない仕事を始め、体調も崩されているようですね。大変だと思います。でも、「たっぷり時間をかけなくては子どもを満足させてあげられない」などとは思わないでください。必要なのは、「この子が喜ぶことをしてあげることが、自分の喜びなのだ」という気持ちをしっかりともつことです。「子どもを喜ばせよう」とだけ思うのではいけない。お母さん自身が喜ぶだけでもいけない。子どもの喜ぶ顔を見て、お母さん自身がうれしくなるような、そんな時間をつくることがたいせつなんです。

そんな時間は、どうすればつくれるでしょうか。人によってちがうかもしれませんが、子どもの好きなおやつをいっしょに食べるというのはどうでしょう。ゼリーやプリンを買ってきて、いっしょに食べるんです。子どもが笑顔で食べる姿を見て、お母さん自身もうれしくなる。この子はかわいいなぁと心から思う。そんな母親の笑顔を見て、子どもはますます幸せになる……そんな「喜びを分かち合う時間」を、ぜひつくってください。

お休みの日、ちょっと散歩に行くのもいいですね。「暑いから、ジュースでも飲もうか」と自動販売機でジュースを買って、交互に飲むんです。「今度はママね」「次はわたし」とジュースの缶を交換しながら飲んだりするのも楽しいですね。

家族の人数が多くなったようですから、全員でトランプをするのはどうでしょうか。ババ抜きとか七並べとか、運で勝敗が決まる遊びがいいですね。大人数だとますます盛り上がります。ただし、子どもだけを楽しませようと思うのではいけないのです。子どもが楽しむ姿を見て、お母さんも楽しい、おじいちゃんおばあちゃんも楽しい。そうでなくては、子どもだって、心の底から楽しいと思うことはできないのです。

人間にとって、喜びを誰かと分かち合う経験は非常にたいせつです。どんなおいしいケーキを食べても、試合で勝てても、誰かと喜び合うことができなければ、幸せにはなれないのです。

目の前の人を幸せにすることでしか、人は幸せになることはできません

「わが子の笑顔は、母親であるわたしが与えてあげるのだ」という自負心を、どうぞもってください。そのためには、お母さん自身が育児を楽しまなくてはいけませんよ。母親が幸せでなければ、子どもも幸せにはなれないのです。もしもお母さんの心の中に、子どもの存在を負担に思う気持ちがあれば、子どもが「お父さんに会いたい」と願う気持ちは消えないでしょう。

お母さん自身、離婚でたくさん傷ついてきたことでしょう。体調も崩されて、つらいこともたくさんあるでしょう。でも、元気になるためのいちばんの近道は、わが子の幸せそうな笑顔を見ることです。そして、その笑顔をつくれるのは、お母さんしかいないんです。

わたしの好きなイタリアの諺《ことわざ》に「目の前のたった一人の人を愛し続けることは、世界中の人をひとまとめにして愛するより困難だ」というのがあります。

どうぞ、たった一人のわが子を愛し、幸福にしてあげてください。そうすればきっと、あなた自身が心から幸福になれると思います。

娘の顔を見るのがつらい

（3才女児の母）

わたしの父は厳しい公務員で、母は父の言いなり、きょうだいとも仲良くありません。わたしはみんなの顔色をうかがいながら生きてきたような気がします。必死で勉強して優等生になり、先生からもひいきされて目立つ存在でした。

ただ、小6のころ、ある男子に「顔デカ！」と言われ続けたことがありました。とてもイヤだったのに誰にも言えず、顔のことなんて気にしていないフリ、忘れたフリを続けました。けれど娘を産んだ直後、助産師さんに「頭も大きいし、背も高い赤ちゃんよ」と言われたとたん、その苦しみがよみがえったのです。

娘の誕生を喜べず、顔を見てはおろおろしました。ここで娘が死んでしまったら……とまで。こんなふうに悩むのは、わたしが自分のことを好きではないから。誰にも甘えず生きてきて、夫もわたしに頼ってくるばかりで相談などできません。どうすれば「生きていてよかった」と母娘ともに思えるのでしょうか。

苦しくつらい日々を歩んできたのですね。心の傷を克服していくためにも自分を認めて、幸せにしてあげましょう

幼いころに自己肯定感を育ててもらえなかった方に共通する苦しみです

お子さんの顔が大きいというだけで、こんなにも苦しんでいるのですね。さぞかしつらいことだろうとお察ししますよ。

この方は幼いころに、ご自分の親から本当の意味での「自己肯定感（自分は自分のままで十分価値がある、という自信）」を育ててもらえなかったのです。親の許容度が小さければ小さいほど、子どもの「自己肯定感」は小さくなります。自分で自分を誇りに思えない、自分を好きになれない人間になってしまうのです。

人間は、自分の力だけで自分を好きになることはできないものです。まずは誰かに認めてもらい、好きになってもらわないことには、自分を好きにはなれないのです。「自己肯定感」というものは実に簡単で、実にもろいものなのです。

心から幸せだと思ったこともなく、心からやすらげる場所や人にめぐりあった実感もないような状況でも、なんとかがんばって優等生を続け、頼られる人間として生きてきたのです。おそらく、がんばりすぎてエネルギーが切れてしまったのでしょう。わが子の顔の大きさが問題なのではありません。お母さん自身の、自己肯定感の問題なのです。

心の治療の第一歩は、幼いころに受けた傷を自覚すること

わたしのところにも、このようなお母さんが相談に見えることがあります。不幸な成育歴のために、わが子を無条件に愛することができずに苦しんでいるのです。

このような方の心の治療の第一歩は、「わが子を受け入れられないのは、子ども時代に受けた心の傷のためなのだ」と自覚することです。真の原因をほうっておいては、何も変えること

はできません。ただ、心のいちばん深い部分に根ざしているため、気づくことができない人も少なくありません。

けれど、この方は手紙にちゃんとご自分の成育歴を書かれていますから、自分の力で真の原因に気づくことができたのですね。すばらしいことだと思います。ここまで来られたのであれば、あとはもう一息。克服するだけです。

家族を幸せにすることで、自分が幸せになる。それが「自己肯定感」の育て直し

克服するためには、幼いころに育ててあげられなかった「自己肯定感」を育てていくことが必要になってきます。そのためには、誰かに本当の意味で愛されること、大事にしてもらうことが必要です。

どうすればできるのでしょうか。「大事にして」「好きになって」と言っても、なかなかそうしてもらうことはできませんね。

まずは自分から始めることです。ささいなことでいいですから、相手が喜ぶことをしてあげて、

相手の喜ぶ顔を見ることで自分も喜ぶ――そんな体験を積み重ねてください。これが人間関係の基本です。相手の喜びが自分にとっても喜びだと、そう思えたときに、いい人間関係が成立するのです。

相手だけ喜んで自分が苦しいとき、人は幸せにはなれません。周囲の顔色をうかがって優等生を演じていたとき、この方は「相手を喜ばせることが自分の喜び」とは感じられなかったのではないでしょうか。だから幸せを感じられなかったのだと思います。

それを再び繰り返すのではありませんよ。そうではなく、相手の喜びを自分の喜びにしていくのです。

たとえばお子さんに、好きな絵本を読んであげるのです。お子さんは喜ぶでしょう。その笑顔を見て、心から「あぁ、わたしは幸せだな」と感じることができればいいのです。子どもとおふろでゆったり遊ぶのもいいでしょう。

ご主人といっしょに、何か楽しめる趣味をもつのもいいですね。二人で楽しく笑って「幸せだな」と実感するのです。「楽しさ」を共有していない夫婦に、「つらさ」を共有することはできません。まずは楽しい時間を共有することから始めてみましょう。

つらい時期はもう終わりました。これからはどうぞ、自分の家族を幸せにすることで、あなた自身が幸せになってください。

　最後に一つ。ご両親にあのころのつらさを打ち明けてもいいと思いますよ。「いまだから言うけれど」「もう恨んではいないけれど」と、当時のつらさを話してみてもいいかもしれません。両親に「申し訳ない」と謝ってもらうことができたら、少し楽になれることでしょう。そして許してあげられるといいですね。

自分の母を許すことができない

（4才男児・0才女児の母）

わたしの母は「正しいのは自分だけ」というような人で、友だちもなく、いつも父への不満を抱えている人です。そのため、わたしは物心つく前から父の悪口を一方的に聞かされて、ずっと父をひどい人と信じ、父に心を許すことなく育ちました。けれど、二人の子に恵まれ、優しい夫と温かい家庭を築くことができたいま、「正しかったのは父のほうで、母がまちがっていたのだ」と気づくようになりました。母はいまでもわたしの家に来ては父の悪口を言い、「おまえが大学を卒業できて結婚できたのは、わたしのおかげ」と言います。わたしや、わたしの子育てについても否定的です。

父や弟は「もう母の性格は直らない。適当にあしらえばいい」と言いますが、適当にあしらうことも、完全にシャットアウトすることもできません。かといって許すこともできず、自己中心的な母を恨んでしまい、「あのときあんなこと言われた」と過去を思い出して苦しくなってしまいます。

人間関係に不満と絶望を感じている人は人に優しくはなれないのです。不足した愛情を補ってあげてください

自己中心的で幼い人は、乳幼児期に大事なものを得ることができなかった人

わたしはこの相談を読み、相談者のお母さん自身、どんな不幸な生い立ちであったのかと、非常に気になりました。

人は誰しも、乳幼児期、児童期、青年期、壮年期、中年期、老年期という順序で成熟していきます。そして、その時期その時期に与えられるべきもの、すべき経験というものがあるのです。

成熟に「飛び級」はありません。もしもその時期に積み残した課題があると、それがのちの

ちの発達に影響をもたらします。それは子どもだけに限りません。

先日、高齢者福祉施設で働いている教え子がこんなことを言いました。「先生に教えていただいたとおりです。乳幼児期の問題をいまだに解決できていないと感じられる、未成熟な老人が確かにいます」と。周囲の人に文句ばかり言い、不満があると人のせいにし、そのせいか、家族の面会もほとんどないというのです。

人間の育ちの中で、もっとも大事なのは乳幼児期です。この時期は建物でいえば土台をつくる時期。ここで誰かに全面的に受容されることが、将来の成熟という意味においてとても重要なのです。

もし乳幼児期に十分受容されなかったとしても、成長の過程で親や親にかわる人、恋人や配偶者に愛情を注いでもらうことができれば、そこで愛情を補給して成熟することができます。反対に、年齢を重ねても十分な愛情を与えられず、人との関係にやすらぎを感じることができなかった人は、老齢になってもなお自己中心的で幼いのです。

このご相談を読んで、お母さんにもそのような不幸な成育歴があったのかもしれないと感じました。人間関係すべてに絶望して今日まで来た方なのではないか、と。

愛情が枯渇している人には誰かが優しさを注いであげてほしい

愛情や受容の不足は、いくつになってでも取り返しがきくものです。老年期になっても遅すぎることはありません。とはいえ、時間が経てば経つほど借金のように利子がふくらみ、立ち直るのに時間と根気が必要です。

このお母さんに愛情を与えてくれる人はいるでしょうか。長年にわたって夫の悪口を言い、子どももいい関係ではなく、孫をかわいがっている様子も見られません。

できるのは、相談者である娘さんだけかもしれません。この方自身、幼いころに十分な愛情を注がれたわけではないでしょう。悪口を聞かされ、両親の不仲をつきつけられて育ったのです。なのに、いいご主人と出会い、愛情を信じ、幸福な家庭を築いていらっしゃる。本当によかったですね。不足していた愛情は、ご主人と二人のお子さんからたっぷり補充されているのだと思います。

その幸福を、少しだけ不幸なお母さんに分けてあげることはできないでしょうか。幸せを分けるというのは、「喜びを分かち合う」ということです。たとえば「おばあちゃんの好きなケーキ買ってきたよ」と言って、いっしょにお母さんの好物を食べるような、そんなささいなことでいいのです。ご近所に老人会などがあれば、そこに参加して、旅行や懇親会などで楽しい時間を過ごすことができるようになれば、なおいいのですが。

要するに、人とのかかわりの中でくつろいでいくことができなければ、事態は何も変わらないということです。

お母さんの存在を断ち切ったからといって幸せになることができますか？

「母を嫌っている娘が、なぜ愛情を注がなくてはならないの？」と思うかもしれません。でも、このような相談をわたしのもとに送ってくる方なのです。お母さんの存在を断ち切ってしまっては、この方自身がきっと傷つくことでしょう。苦しまず、恨まず、心豊かに生きるためには、お母さんといまからでもいい関係、少しでも愛情を感じられる関係にならなくてはいけないのです。自分のためにも、そして、二人のお子さんのためにも。

この方が小さいときに両親のいさかいを見てきたように、この小さなお子さんたちも、母と祖母の葛藤を見ることになります。その過程で「人に対する不信感」を学んでしまう可能性もあります。いいですか、人は、人との関係の中に喜びを見いだすような生き方をしなくては、幸せになれないのです。

できればご主人に協力していただけるといいですね。ご主人はおそらく、豊かな愛情の中で育った方なのでしょう。「お義母さんは、この和菓子が好きなんですよね。買ってきましたよ」「出張でこんなものを見つけたんですが、一ついかがですか?」と。お母さんが幸せそうな顔をすることで、この方の幸せがさらに大きくふくらむことを祈っております。

次女に対して大人げなく怒る夫を変えたいが……

（小2と年中女児の母）

二人の娘と夫との関係が気になります。娘たちが赤ちゃんのころは、毎日おふろに入れてくれたり、週末は公園に連れていったりと「優しいパパ」だったのですが、子どもたちが幼稚園に入ったころから変わり始めました。

とくに次女は我が強く、素直に「ごめんなさい」を言わないため、夫はどなりつけたり、ののしったりすることがあります。わたしがそのことについて夫に意見すると、「自分のことは棚に上げて、わかったようなことを言うな！」と言われ、ケンカになってしまいます。

娘たちは「ママ大好き。パパはいなくてもいい」とまで言うようになりました。このままではいけないと思いますが、何から変えていけばいいのでしょうか。

ご主人とお子さんがぶつかり合うとき、間を取り持てる人間はあなただけです。人としての〝成熟〟が問われる場面です

自尊心が傷ついた人は素直に謝ることができません

2番目のお子さんはおそらく、お父さんに自尊心を傷つけられるようなしかられ方をしているんでしょうね。人は自尊心が傷つけられたときに、謝ることなんてできないものです。ウソをつくときも同じです。自分の自尊心を守るために、子どもはウソをつかざるをえなくなるのです。子どもが素直に「ごめんなさい」を言えないとすれば、その責任は親にあります。まずはそれを知っておいてください。

ただ、そんなふうにお子さんを追い詰めてしまうご主人も、自尊心が傷ついているように思

えます。原因はこの文面だけでは測りかねます。仕事で何かつらい思いをしているのか、ひどい上司がいるのか、はたまた奥さんに受け入れてもらっていないと感じているのか……。いずれにしても、ご主人はきっと、孤立無援なのでしょう。家庭でも職場でも。

自分が満たされていない、周囲に認められていないと感じるとき、人は攻撃的になるのです。そんなご主人の思いを、奥さんがわかってあげられるといいですね。娘さんをひどくしかりつけるご主人に対し、「意見すると」と書かれていますが、意見されると感情が逆なでされてしまうものです。

小難しい議論をするよりも、もっと簡単な方法がありますよ。ご主人が娘さんに「謝れ！」と言うなら、ご自分が娘さんのかわりに謝ってあげることです。みなさんも子どものころ、おばあちゃんや近所のおばさんに「わたしがかわりに謝ってやろうね」と言ってもらったことはありませんか？　わたしの母も、よくそうやって近所の子のかわりに、その子の親に謝っていました。

カッカしている当人同士は、なかなか引っ込みがつかないものです。そんなときは、第三者的な立場の人間が、間に入って「引っ込みがつくように」してあげればいいのです。

自我が芽生えた子を受け入れられない未成熟な親が気になります

気になるのは、このご主人が「子どもたちが幼稚園に入ったころから変わり始めた」という点です。なぜなのでしょう。

この時期になると、子どもは親の望むような反応をしなくなります。親が「こうすれば喜ぶだろう」と思ったことをしても喜ばない、親の指示に反抗もするでしょう。

未成熟な親は、そういう「意のままにならない」子どもを受け入れることができないのです。それはつまり、「自分が望むような人しか愛せない」ということです。

相手を受け入れられることは、成熟の証しです。小さな子どもは相手を受け入れる力が非常に弱く、自己主張しかできません。しかし、現実には子ども以上に受け入れる力の弱い親がいるのです。悲しいことですが、それはけっして珍しいことではありません。

本来、成熟した親というのは、親の気に入らないことを言ったりやったりする子を「かわいい」と思えるものです。成長を感じるのです。それが親なのです。

「幸福な家族」になっていくためには信頼関係を築く努力が必要なのです

現代の日本人は、「家族は努力してつくっていくもの」という意識がとても弱いと感じます。離婚と再婚を繰り返す人、「何があっても親のめんどうを見ない」と言い切る人……。国際調査でも、日本人は家族への思いやりが極端に低いという結果が出ています。

家族は、信頼関係をつくる基本単位です。家族の信頼関係がなくなったら、人はあらゆるところで信頼関係を失うでしょう。

しかし、努力せずに家族をつくることなどできないのです。「自分の思っていたような夫（妻）ではなかった」「自分の望むような子ではなかった」と思うことは誰にでもあります。そして当たり前のことですが、子どもが成長していけば、親の意のままになどなるはずがありません。

そのときに距離を置いてしまったり、拒絶したりするのではなく、「成長したのね」と温かく包んであげられる親でいてください。赤ちゃんのときと同じように。

ご主人のこともお子さんのことも、どちらも幸福にしてあげてください。家族の中で「成熟した人」としていられるのは、おそらくお母さんだけでしょう。
家族を幸せにすることがわたしの幸せなのだと、それを誇れる人であってください。

コラム5 発達障害の子

発達障害の子は普通学級がいいの？ 発達障害の友だちをどう受け止める？

「ほかの子と同じ行動を」と望みすぎてはいけません

ＡＤＨＤ（注意欠陥多動性障害）や学習障害、自閉スペクトラム症など、発達障害があっても知的な遅れがない子は少なくありません。その場合、お母さんたちは非常に迷いますね。ほかのお母さんたちに障害について話したほうがいいのか、普通学級に通わせたほうがいいのか、特別支援学級がいいのか。

発達障害があるお子さんの場合、一対一で学んでいるときには非常に理解力が高いにもかかわらず、集団だと全然話を聞いていないということがよくあります。そのため、低学年のうちは授業についていけても、少しずつ遅れていくことがありますね。

また、先生方に専門的な知識と指導力がないと、「ほかの子と同じ行動ができるように」と、押さえつけるような教育をしてしまうことも考えられます。

このような子は、能力がないのではありません。能力に偏りがあるのです。しかし、この偏りをなくそうとしてはいけません。もっていない力を補おう、教育やしつけで偏りをなくそうとしてしまうと、子どもの心は壊れてしまいます。

そうではなく、偏りのあるまま、いま持っている能力をいきいきと伸ばせる環境を用意してあげることが大事なのです。

そのためには、教師にも専門性が必要になってきます。たとえば

- **視覚に訴える**
- **具体的に示す**
- **規則や法則をはっきりさせる**
- **一対一で対応する**

このようなことに力を入れると、教えた内容がその子にとって意味のあるものになり、概念となって定着します。逆に、

- **耳で聞き取って何かをさせる**
- **抽象的な指示をする**
- **個別的な対応をしない**

というようなことは非常にわかりにくいため、意味や概念をつかみにくいのです。

そこを理解せず、「耳で聞いて動けるように」「集団の空気を察知できるように」と教育しようとすると、子どもを傷つけて自信を失わせてしまいます。

その子がいきいきと安心して学べるなら、普通学級でも特別支援学級でもどちらでもいいのです

理解されていない悲しみが社会不適応の根になる可能性も

ですから、現在の成績や人間関係だけで「この子は普通学級でだいじょうぶ」と決めてしまわないほうがいいのではないかと思います。専門家のアドバイスを受け入れて、どんな場面であれば普通学級がいいのか、どんな場面であれば特別支援学級を選択したほうがいいのかを判断してみてはいかがでしょうか。

もしも近くに特別支援学級があるのであれば、様子を見ながら通級などの形で利用してみるのもいいかもしれません。週に何時間かだけでも通ってみるなど、いろいろな方法があると思います。一度見学して話を聞いてから、本人の意思を確認してみましょう。

えてして親は「少し難しめのところに行かせて能力を発揮させたい」と思ってしまいがちです。でも本当の意味で能力を発揮できるのは、実力より少しやさしめの環境なのです。

ごきょうだいがいる場合、「特別支援学級に通わせると、妹がいじめられるかもしれない」と言って、普

通学級にこだわる方もいます。しかしそれは、保護者やクラスメートなどの理解を得ることで改善されると思います。ごきょうだいの担任の先生と十分に話し合い、必要であれば保護者会などで保護者の方に説明するという方法もあります。

ですが、もっとも心配すべきことは、周囲の目ではなく、障害がある子の気持ちです。幼稚園や学校で十分な理解をされていない場合、目に見えない部分で深く傷ついてしまうのです。無理解な場に長くいると、子どもの内側に「適応できない」「理解されていない」という思いが強くなります。それがひいては、社会的不適応の根っこになる可能性もあるのです。不適切な環境でがまんを強いられたために、思春期・青年期に問題を抱え込む例は少なくはありません。

そうならないためにも、発達障害で悩んでいらっしゃる親御さんは、適切なアドバイザーを見つけられるといいですね。たとえば、近くの児童相談所に出向くと、適切な施設や病院を紹介してもらえることでしょう。専門家と話し合ったうえで、その子に最適な環境をつくってあげたいものです。

クラスに障害のあるお子さんがいる場合にどうするのか

次に、逆の立場で考えてみましょう。ご自分のお子さんのクラスに、発達障害のある子がいる場合です。

軽度の発達障害であれば、集中力に欠けるとか、忘れ物が多いという程度ですが、なかには授業を妨害したり、乱暴したりする子もいます。

このごろは発達障害の知識が広まってきたことから、担任の先生に「△△ちゃんは、発達障害ではありませんか？」と聞いてくる親御さんも増えてきたと聞きます。しかし、障害についてはその子の保護者の了解がないと公にはできないのです。そして、公にしようとしない保護者はけっして少なくはありません。

障害の子をもつ親たちは、非常に大きな葛藤を抱えています。「どうすれば〝普通の子〟になれますか？」「普通学級でトライさせてみたいのです」という訴えを聞くと、子どものためではなく、親が希望をもちたいがためなのだと痛感します。しかし、それが障害児の親なのです。そこを乗り越え、受け入れるために、彼らは何年も何年も葛藤するのです。

わたしは障害児をもつ親たちに向けて、講演会をすることがあります。そのとき「その子をありのまま受け入れてあげてください」というような話をすると、目頭を押さえている方がたくさんいらっしゃる。障害を受け入れられない、認められない、そんな人はたくさんいるのです。そのつらさや苦しさを、周囲の親たちも理解してあげられるといいですね。

子どもは発達障害の子の行動も個性の一つと考えます

クラスに発達障害の子がいる場合、障害についての説明があってもなくても、子どもたちは「何か違う子だな」と感じているものです。でも、子どものいいところは、「だからヘンだ」と思ったりはしないところなんですね。

「××ちゃんはかけっこが早い」「△△ちゃんは絵が上手」。そんな延長線上で、「○○ちゃんは、突然叫んだりする子なんだよね」というように受け止めます。

これはとても健全な考え方です。

ですから、親御さんからあえて「△△ちゃんには心の病気があって……」などと説明する必要はないでしょう。その子の感じたまま、納得しているままでいいのです。大人になってからも、そのように受け止められる人であってほしいと、わたしは思っています。

もしも、発達障害の子との間にトラブルが生じてしまった場合は、先生や保育士に相談するのがいいでしょうね。「こんなことがあって子どもが困っているようなのです。気にかけてやってくださいませんか?」と。それなりの対応をしてくださるはずです。

そしてご家庭でも、「○○ちゃんは発達障害だから」というのではなく、「○○ちゃんは、突然近寄ってこられると怖くなっちゃうんだって。犬が近寄ると怖がる子がいるけど、人間が突然近寄ると怖がる子もいるんだね」というように説明してあげてください。子どもなりにちゃんと理解して、気をつけるようにするものです。

障害がある子の親のつらい葛藤をどうぞ理解して見守ってあげてください

Q うちの子は、指しゃぶりがひどいのです。やめさせるにはどうすればいい?

A たっぷりかまってあげるのがいいですね。しゃぶるヒマもないほどに

指しゃぶり、爪かみ、性器いじり。こういった一連の行動は、多くの場合、スキンシップの不足が原因にあります。自分で自分の体を繰り返し反復的に刺激するという行動は、乳幼児期の満たされない性衝動からきていることが少なくありません。「乳幼児期の性衝動」と聞くと驚かれるかもしれませんが、それはつまり、スキンシップなのです。

「スキンシップが不足しているとは思えない」と思われる方もいるでしょうね。確かに、たっぷりの愛情をかけられているお子さんでも、指しゃぶりをする子はいますよ。けれど、子どもによって求めている愛情も、必要とするかかわり合いもちがいます。その子に必要な愛情を、必要なぶんだけ注いであげることが大事なのです。

やめさせるために、怒ったり、しかったり、条件をつけたりする必要はありません。たっぷり抱っこしてあげてください。大きなお子さんであれば、おふろでゆっくりおしゃべりするといいと思います。おふろのおしゃべりは、いちばんのスキンシップなのです。

また、お子さんがどんなときに指をしゃぶるか見てあげるといいですね。眠るときに指しゃぶりをするなら、手をにぎって子守歌を歌ってあげるといいのです。テレビを見るときに指しゃぶりをするなら、テレビを消して、子どもをひざに乗せて本を読んであげましょう。

治るまでには何カ月もかかるのが普通ですが、不足していたぶんを補うのだと覚悟を決めて、じっくり取り組まれるといいと思います。

Q うちで「過保護」にしているせいか、厳しくしかる親戚の家に行きたがりません

A いけないことはいけないと教えることは必要です

子どもは自分が悪いことをしたと自覚している場合、優しく諭されても、大声でしかられても、「それはしかたがない」と思えるものです。「あのおばさんは怖いから嫌いだ」と思っているとすれば、しかられたことそのものに納得していないのでしょう。

その理由は二つ考えられます。一つは、自分の家ではしかられないのに、その家でしかられたという場合です。「うちではOKなのに」とショックを受けたのかもしれませんね。でも、よその家にはよその家のルールがあるものです。しかり方もちがいます。そのようなことを、この機会に教えてあげたいものです。

もう一つは、「いけないことをしたら、しかられるのだ」と、家庭でちゃんと教えられていない場合です。「悪いことをしたらしかられるのですよ」「そんなときには、ちゃんと謝らなくてはいけないのですよ」と、そういうことは、親がちゃんと教えてあげなくてはいけません。言うだけでなく、子どもの心にちゃんと届いているかどうか、もう一度見直してみるといいですね。

過保護であることは大事なことです。子どもの言うことはできるだけ聞いてあげてください。でも、「これだけは許さない」というものを子どもに示すこともまた、親のたいせつな仕事です。わたしは、弱い者いじめと盗みに関しては、毅然とした態度をとりました。きょうだいのビー玉一つ失敬するのも許しません。

そういう譲れない部分で、しっかりしかることは必要なことです。

Q　佐々木先生はお子さんに「勉強しなさい」と言いましたか？　進路はどのようにアドバイスしましたか？

A　「勉強しなさい」と言っても言わなくても、やる子はやります

「勉強しなさい」と言ったことはありません。そのかわり「宿題を手伝ってほしかったら、いつでも手伝ってやる」と言いました。「こっちはお父さんがやるから、この2つだけ自分でやれ」と言うと、すごくうれしそうな顔するんですよ。

　それで、うちの子は勉強ができたかというと、できる子はできるし、できない子はできません。それでも、子どもたちは3人とも（紆余曲折《うよきょくせつ》はありましたが）、それぞれが望む仕事に就きましたので問題はありませんでした。

　長男はトランペットの演奏家を目指していましたが、先生に「演奏家としては大成しない」と言われ、悩んだ結果、物理学者になりました。次男はアニメーションが好きで、高卒でアニメの世界で働くと言いました。それもいいだろうと思い、友人にたのんでアニメ製作会社の社長さんを紹介してもらいましたが、その方に言われて美術の大学に進学し、いまはコンピューターグラフィックスの仕事をしています。三男は大学を二度中退しました。なまけ心で「辞めたい」という子ではないので、意志を尊重しました。そのうち「自分には福祉の仕事が向いている」と気づき、現在は福祉関係の仕事に就いています。

　わたしがしたことは、子どもの望みに応じて先生を探したり、職場を探す手伝いをしただけです。あとは待ちました。

　息子たちの進路を知って、「親が医者なのに、子どもを1人も医者にしないなんて」と言う人がいたのには驚きました。親の仕事と子どもの職業はまったく関係ありませんよ。

Q うちの子はとても偏食です。どうすれば食べるようになるのでしょうか?

A 食べたくないものは、無理に食べさせる必要はありません

食べたくないものを食べる必要はありません。食べたいものだけ食べればいいのです。どんなに栄養価が高くても、おいしく食べなかったら健康になんてなれませんからね。

わが家の方針もそうでした。料理は大皿に盛って、食べられそうなら取って食べてみて(戻すのは禁止)、おかわりするのがわが家流なのです。食べたくなければ取らなくていいんです。それでも3人のうち2人は、小学校低学年で好き嫌いがなくなりました。

1人だけ中学まで偏食が治らず、小学校の担任の先生に手紙を書いたことがありましたね。「子どもの偏食は親の責任です。それで病気になっても体が育たなくても、責任はすべて親にありますから、給食を残しても気にかけていただく必要はございません」と。そうしたら先生から「息子さんは学校も休まない健康な子なので、まったく心配してません」と返事をもらいました。そんな息子も、いまでは何でもよく食べますよ。

こんなこともありました。1人の息子が、夕食の料理が何か気に食わなかったんでしょうね。ふてくされて、家内に「夕食は食べなくてよろしい」と言われたのです。なので、わたしが息子を連れ出して定食屋に行き、「何でも食べていいよ」と言いました。雑炊とクリームソーダをたのんで、うれしそうに食べていましたよ。

そんなことをしたからといって、次もまた家内の料理に文句を言ったかというと、そんなことはありませんでした。あれがたった一度のいい思い出です。

Q 外遊びが少ないので、運動系の習い事をさせようと思っています。注意したほうがいいことは?

A 習い事は遊びのかわりにはなりません。友だちといきいき遊ぶ時間を必ずつくってあげてください

子どもにとって、友だちとの遊びがいかにたいせつかは、本文中でいろいろと書かせていただきました。習い事は遊びのかわりにならないということだけは、どうぞ忘れないでください。

たとえばいまは、近所に草野球ができる空き地なんてないので、子どもたちは地域の野球チームに入りますね。立派なユニフォームを着て、立派なコーチがついて、上手に打つ方法や投げる方法を教えてもらうようになると、今度は優劣を競い合うことになります。親も成果を期待しますね。草野球のときのような「○○くんは下手だから三振なしね」というようなルールなど存在しなくなるのです。子どもの世界はぶち壊されて、仲間と共感し合って野球をすることができなくなってしまいます。

わたしはささやかな試みとして、息子の野球チームの練習を30分早く切り上げてもらい、自由にドッジボールをさせてもらうようにお願いしたことがありました。そうすると、練習のときとは打って変わって、野球クラブの少年たちは歓声を上げていきいきとドッジボールを楽しむのです。大人の評価や干渉抜きに、思い切り自由に遊ばせてあげると、子どもたちは本当に輝きます。これが本当に子どもらしい姿なのです。

子どもは子ども時代に、〝子ども〟の部分を十分に使い切らないと、成熟した大人にはなれません。子どもの部分を使い切れるもの、それが遊びです。月謝を払って大人から学ぶことのほうが、自由な遊びよりも価値があるとは、どうぞ思わないでください。

Q 子どもたちにとって生きにくい社会です。個人にできることは小さいですが、何ができますか?

A 子どもがいきいき遊べる場をつくっていきたいですね

わたしには、自分の余生を使って、やりたいと思っていることがあります。それは「人々の広場」をつくることです。あくまで仮ですが、そのような名前で、いまは考えています。

そこは、子どもがいきいきと遊ぶことを前提につくられる場所です。でも、子どもだけ集めてもダメで、親子が連れ立ってこられる場所、育児で困った親のよりどころになれる場所でなくてはいけないと思っています。「人々の広場」という名前を用いているのは、人間が人間と交われるコミュニケーションの場と考えているからです。

具体的にはまだまだです。しかし、元保育士の方など、同じ志をもつ方々と勉強会を開きながら少しずつ実現に向けて考え始めているところです。学校の空き教室でもいいし、どこかの空き地でもいい。常設するのが難しいようであれば、週に数回だけでもかまわない。「子どもが遊べる場がない」なんて、口で言っているだけでは、もうすまないのです。それぞれが、自分の住んでいる場所に、一つずつでもつくっていかなくてはいけない。それにわたしの今後の人生を使いたいと思っています。

子どもをもつお母さんなら、明日からでもすぐにできることがあります。それは、わが家を友だちに開放することです。週に1日でもいいですよ。週末は、子どもの友だち家族を誘って出かけたり、小学生であれば子どもだけを誘って出かけてもいいですね。それだけでも、お子さんの表情がいきいき明るく輝きます。どうぞ試してみてください。

佐々木正美（ささき・まさみ）
1935年群馬県前橋市に生まれ、幼児期を東京で過ごす。その後、第二次大戦中に滋賀県の農村に疎開し、小学3年生から高校までを過ごすが、高校卒業と同時に単身で上京。信用金庫などで6年間働いたのち、新潟大学医学部医学科に編入学し、66年同校を卒業。その後、東京大学で精神医学を学び、同愛記念病院に勤務。70～71年にブリティッシュ・コロンビア大学に留学、児童精神医学の臨床訓練を受ける。帰国後は、国立秩父学園、東京大学医学部精神科に勤務後、小児療育相談センター（横浜市）、横浜市南部地域療育センターで児童臨床医として地域ケアに力をそそぐ。その間、東京大学医学部精神科講師、東京女子医科大学小児科講師、お茶の水女子大学児童学科講師などを務める。川崎医療福祉大学特任教授（岡山県）、ノースカロライナ大学非常勤教授、横浜市総合リハビリテーションセンター参与などを歴任した。長年にわたり自閉症の人とその家族を支援する療育方法の実践と普及に努めてきた功績で、2001年「糸賀一雄記念賞」、04年「保健文化賞」、「朝日社会福祉賞」受賞。著書に『子どもへのまなざし』（福音館書店）など多数。2017年没後も、そのメッセージは多くの親たちを励まし続けている。

本書は雑誌『Como（コモ）』の記事に加筆修正をして刊行した『「育てにくい子」と感じたときに読む本』（2008年／主婦の友社）を改変した新装版です。

装丁、本文レイアウト／今井悦子（MET）
装画、イラスト／大塚いちお
構成・まとめ／神 素子
協力／岩瀬浩子
編集担当／三橋亜矢子（主婦の友社）

新装版《しんそうばん》「育《そだ》てにくい子《こ》」と感《かん》じたときに読《よ》む本《ほん》

令和2年１月20日　第１刷発行
令和3年12月20日　第3刷発行

著　者　佐々木正美《ささきまさみ》
発行者　平野健一
発行所　株式会社 主婦の友社
〒141-0021　東京都品川区上大崎3-1-1 目黒セントラルスクエア
電話 03-5280-7537（編集）　03-5280-7551（販売）
印刷所　大日本印刷株式会社

 ISBN978-4-07-441187-0